DE

L'INAMOVIBILITÉ

DES CURÉS.

MÉMOIRES, CONSULTATIONS,

ET

PIÈCES JUSTIFICATIVES POUR M. CHASLES,

CURÉ DE LA PAROISSE NOTRE-DAME, A CHARTRES;

CONTRE MGR LE C^TE^ DE LATIL,

ÉVÊQUE DE CETTE VILLE; AUJOURD'HUI ARCHEVÊQUE DE REIMS.

PARIS,
DE L'IMPRIMERIE DE A. HENRY,
RUE GÎT-LE-COEUR, N° 8.

MARS 1826.

DE

L'INAMOVIBILITÉ

DES CURÉS.

MÉMOIRES,

CONSULTATIONS,

ET

PIÈCES JUSTIFICATIVES

POUR M. CHASLES,

CURÉ DE LA PAROISSE NOTRE-DAME, A CHARTRES;

CONTRE MGR LE CTE DE LATIL,

ÉVÊQUE DE CETTE VILLE, AUJOURD'HUI ARCHEVÊQUE DE REIMS.

PARIS,

DE L'IMPRIMERIE DE A. HENRY,

RUE GÎT-LE-CŒUR, N° 8.

[illegible]

N° 1er.-EXTRAIT DU MÉMOIRE A CONSULTER.

La cure de la paroisse Notre-Dame de Chartres a été érigée par M. Charrier de la Roche, évêque de Versailles, le 8 janvier 1803.

Le curé titulaire étant décédé le 21 février 1818, M. Chasles reçut de Mgr l'Évêque de Versailles, le 1er mars, ses lettres d'institution approuvées par Sa Majesté; son installation eut lieu le 21 dans les formes canoniques. Ainsi rien ne manque pour assurer la légitimité et l'irrévocabilité de son titre.

M. Chasles appartenait au pays et au diocèse par toute sa famille, par sa naissance, et par quarante ans de sacerdoce; il était vicaire de Saint-Aignan depuis sept années, lorsqu'il fut déporté en 1792, à cause de son refus de prêter serment à la constitution civile du clergé. Rentré dans sa patrie (par suite du concordat), après neuf années d'exil et de misère, il fut attaché, en qualité de vicaire, à la paroisse Notre-Dame, et il en exerçait les fonctions depuis quinze ans.

En 1818, monseigneur de Latil était déjà institué canoniquement évêque de Chartres, par une bulle de Sa Sainteté, du jour des calendes d'octobre 1817; et, quoique cette bulle n'eût point encore été publiée dans le royaume, à cause des difficultés qui s'élevèrent à l'occasion du concordat de 1817, ce prélat fut consulté, et le 17 avril il écrivait à M. Chasles :

« J'ai appris avec grand plaisir votre nomination à la » cure de Notre-Dame; monseigneur l'Évêque de Ver-

» sailles ne pouvait faire un choix qui me fût plus agréa-
» ble. J'espère être, tôt ou tard, témoin du bien qui en ré-
» sultera pour la gloire de Dieu. »

Trois mois après (le 10 juillet 1818), il écrivait au même :

« Je me félicite de plus en plus que monseigneur l'Evê-
» que de Versailles ait jugé à propos de vous nommer à la
» cure de Notre-Dame de Chartres. J'étais persuadé que
» vous feriez tous vos efforts pour justifier son choix ; mais
» je craignais, je l'avoue, que votre zèle ne rencontrât
» des obstacles, et j'ai appris avec grand plaisir que *l'union*
» *la plus franche règnait actuellement dans le clergé de*
» *Chartres. Je désire bien vivement en être bientôt té-*
» *moin.* »

Le 3 janvier 1819, M. Chasles recevait encore de monseigneur l'Evêque une lettre ainsi conçue :

« Vous m'avez fait un véritable plaisir en m'annonçant
» que la châsse de saint Piat vous avait été adjugée. J'espère
» que Dieu conservera, par vos soins et les efforts de votre
» zèle, l'esprit de piété qui a toujours distingué la ville de
» Chartres, et j'aime à me flatter que, tôt ou tard, il me
» sera permis de contribuer au bonheur, ainsi qu'à la sanc-
» tification de ses habitans. »

Près de trois ans se sont écoulés avant que les vœux de Monseigneur aient pu se réaliser.

Durant cet intervalle, le curé de Notre-Dame a continué d'administrer sa paroisse avec tout le zèle dont il était capable.

Fidèle à l'obligation qui lui avait été imposée, par son institution, d'*une personnelle et perpétuelle résidence*, il n'a jamais abandonné le troupeau qui lui était confié. En

1823, comme en 1792, il a fallu l'en séparer violemment.

Enfin, le 28 octobre 1821, la bulle d'institution canonique de monseigneur de Latil, ainsi que celle de la circonscription de son diocèse, furent publiées, et le 8 novembre suivant le nouvel évêque fut installé.

Après la cérémonie qui se fit au milieu d'un concours immense de fidèles, Monseigneur se rendit au presbytère de la paroisse Notre-Dame, qui lui avait été offert par le curé, et qui devint, pour quelque temps, le palais épiscopal.

Le jour même de son installation, monseigneur de Latil institua le Chapitre de sa cathédrale.

L'église de Notre-Dame qui, depuis long-temps, était affectée au service de la paroisse, redevenait église cathédrale par le rétablissement de l'évêché; mais, à défaut d'un autre édifice, on ne voyait aucune difficulté à ce que cette église servît à la fois de cathédrale et de paroisse, et l'on espérait que Monseigneur saurait concilier l'exercice des droits attachés à son titre, non-seulement avec l'intérêt de la Religion, mais encore avec les égards dus à des habitans dont le zèle et les sacrifices pécuniaires avaient préservé ce beau monument d'une ruine inévitable, et pourvu aux frais considérables de son entretien, ainsi qu'aux besoins multipliés du culte.

On se flattait aussi que le curé de Notre-Dame conserverait l'autorité dont tout pasteur a besoin pour remplir dignement son ministère.

Malheureusement monseigneur de Latil ne se dirigea pas d'après ces considérations puissantes.

Une foule d'actes, qu'en vertu de sa haute dignité, Monseigneur pouvait sans doute commander, mais qui n'en étaient pas moins désobligeans pour des paroissiens, signalèrent les premiers mois de son entrée en fonctions.

L'usage exclusif du chœur fut réservé à Monseigneur et à son Chapitre.

Il ne fut plus permis d'y célébrer ni inhumations, ni mariages, ni messes de corporations.

La première communion, cette cérémonie à laquelle les familles attachent tant d'importance, ne se fit plus le dimanche, mais le jeudi, jour de travail et de marché.

Les quêtes ne se firent plus par les personnes qui avaient présenté le pain bénit.

Les glands du dais ne furent plus portés par les habitans de la paroisse.

La messe du curé ne fut plus sonnée les jours non fériés.

La fabrique elle-même, quoiqu'établie en vertu d'un décret du 30 décembre 1809, fut supprimée.

Enfin, monseigneur l'Evêque abolit beaucoup d'usages chers aux fidèles, et en établit qui, en les contrariant, excitèrent leur mécontentement et leurs murmures.

Quant au curé, dès les premiers momens de l'installation de Monseigneur, sa position devint fâcheuse et difficile. En peu de temps, il fut dépouillé d'une grande partie de ses attributions. Il fit des observations et il réclama; ni ses observations, ni ses réclamations, quoique dictées par l'attachement le plus pur à la Religion et aux principes, ne furent écoutées; et, malgré toutes ses instances, jamais il ne put obtenir le règlement promis par l'article 19 de l'ordonnance du 8 novembre 1821, sur les rapports du Chapitre et de la paroisse. Combien pourtant ce règlement eût été utile! Infailliblement il eût prévenu toutes les difficultés qui se sont élevées.

Sans énumérer ici tous les actes, bien connus des paroissiens, dont le curé de Notre-Dame a eu à se plaindre pendant la première année de l'épiscopat de monseigneur de Latil, qu'il nous suffise de dire que le premier curé du diocèse a été placé au-dessous du desservant de la plus petite succursale.

Cet état de choses n'a fait que s'aggraver dans le cours de l'année suivante.

Monseignenr, au commencement de 1823, crut devoir porter l'ordonnance suivante :

« Nous Jean-Baptiste-Marie-Antoine de Latil, par la grâce de Dieu et l'autorité du saint-siége apostolique, évêque de Chartres, pair de France, premier aumônier de S. A. R. Monseigneur Charles-Philippe de France, Monsieur, frère du Roi, etc., etc.

» Considérant combien il importe à la gloire de Dieu, à l'honneur du saint ministère et à l'avantage des fidèles de resserrer de plus en plus l'union si désirable entre le Chapitre et la paroisse de notre cathédrale ;

» Le saint nom de Dieu invoqué, avons statué et ordonné, statuons et ordonnons :

» Art. 1er. Le titre curial de notre église cathédrale est réuni et attaché à perpétuité à notre Chapitre en corps, lequel demeurera seul curé dans le sens et suivant la manière qui sera expliquée ci-après.

» 2. Le Chapitre en corps sera chargé de la célébration des offices divins, et les autres fonctions curiales seront confiées à un ecclésiastique choisi par nous entre les chanoines de notre église, qui portera le titre de curé de Notre-Dame, sera révocable à notre volonté, et n'aura de compte à rendre de l'exercice de ses fonctions qu'à nous ou à nos vicaires-généraux.

» 3. Le curé de Notre-Dame aura toujours le premier rang parmi les curés du diocèse dans les synodes et assemblées ecclésiastiques, et continuera d'avoir, dans le chœur et le Chapitre, le rang qui lui a été assigné par les statuts.

» 4. Il sera chargé de la première messe paroissiale les dimanches et fêtes.

» 5. Il jouira du traitement et des émolumens attachés au titre de curé, aussi long-temps qu'il remplira les fonctions curiales, et lorsque, par quelque cause que ce soit, il cessera de les remplir, il conservera dans notre église le rang qu'il avait avant sa nomination.

» 6. Sont abrogées toutes les dispositions de nos statuts et ordonnances qui pourraient être contraires à la présente.

» Donné à Paris, sous notre seing, le sceau de nos armes et le contre-seing de notre secrétaire, le 19 janvier 1823. »

Signé, ✝ J.-B. Evêque de Chartres. Par mandement :
Signé, LE CHEVALIER, pro-secrétaire.

Toutefois, elle ne fut approuvée par le ministre que bien plus tard, en ces termes :

« Louis, par la grâce de Dieu, Roi de France et de Navarre, à tous ceux qui ces présentes verront, salut :

» Sur le rapport de notre ministre secrétaire d'état au département de l'intérieur, nous avons Ordonné et Ordonnons ce qui suit :

» Art. 1er. L'ordonnance ci-annexée de l'Évêque de Chartres, portant réunion du titre curial de la cathédrale à son Chapitre est approuvée, et sera exécutée suivant sa forme et teneur.

» 2. Le nombre des chanoines du Chapitre est augmenté d'un membre.

» 3. Le traitement du chanoine qui remplira les fonctions curiales en qualité d'archiprêtre, reste comme celui des autres chanoines, fixé à 1,500 fr. Sa nomination sera faite avec les mêmes formalités que celle des curés.

» 4. Notre ministre secrétaire d'état de l'intérieur est chargé de l'exécution de la présente ordonnance.

» Donné en notre château des Tuileries, le 9 juillet de l'an de grâce 1823, et de notre règne le XXIXe.

» *Signé*, LOUIS. Par le Roi, le ministre de l'intérieur, *signé* CORBIÈRE. »

Le 25 juillet 1823, le bruit se répandit que la cure de Notre-Dame allait être réunie au Chapitre, alors M. Chasles fit des démarches multipliées pour avoir communication de l'ordonnance. Un des vicaires généraux du diocèse lui fit dire, le 31 juillet, à la suite d'une assemblée capitulaire tenue le même jour, que la réunion était résolue; mais qu'elle n'aurait lieu que lors de la vacance de la cure par mort ou démission.

M. Chasles crut à la sincérité de cette déclaration, qui paraît justifiée par la lettre d'envoi du ministre, *laquelle est demeurée secrète.*

Le 15 septembre, il écrivit à S. Exc. le Ministre de l'intérieur, et le même jour il adressa à M. Verguin, grand-vicaire, la lettre suivante :

« Monsieur le Supérieur,

» Depuis que je suis en place comme curé de Notre-
» Dame, tous mes rapports avec les administrations, soit
» ecclésiastiques, soit civiles, ont toujours été officiels et
» par écrit, lors même qu'il s'agissait d'objets de peu de
» conséquence. C'est là la marche ordinaire ; on sait à

» quoi s'en tenir, et il n'y a à craindre ni erreur, ni in-
» terprétation fausse.

» Dans les circonstances où je me trouve, rien ne m'a
» été communiqué officiellement par écrit : l'ordonnance
» de Monseigneur, par exemple, je ne l'ai jamais vue.
» Tout ce que j'en sais est tellement vague, que je n'ai pu
» dire qu'une chose à cette occasion, savoir : que je con-
» serverais mon titre curial jusqu'à la mort, et que je
» protesterais si on voulait m'en dépouiller : et c'est ce que
» je dis encore par la présente.

» Écrivez-moi donc officiellement, et j'aurai l'honneur
» de vous répondre officiellement, comme j'ai celui de
» me dire, etc.

Le curé de Notre-Dame ne reçut point de réponse à ces deux lettres ; mais le 30 septembre, Monseigneur lui écrivit :

« En vous assurant, Monsieur, la dernière fois que
» je vous ai vu, que je n'avais pas l'intention de vous
» retirer le titre de curé, quoique j'en eusse le droit,
» je désirais dissiper vos injustes inquiétudes ; vous en
» auriez été convaincu, si vous eussiez pris la peine
» d'écouter M. Verguin, et de prendre connaissance de
» la lettre que je l'avais chargé de vous communiquer ;
» et alors, sans doute, vous ne vous seriez pas permis
» d'écrire à S. Exc. le Ministre de l'intérieur, *qu'il vous*
» *avait été dit, comme de ma part, que sa volonté*
» était qu'en vertu de l'ordonnance du Roi, le curé
» actuel perdît son titre *ipso facto*.

» Cette fausseté, que j'aime mieux attribuer à votre
» imagination trop ardente qu'à votre mauvaise foi,
» me fait sentir la nécessité de vous déclarer, par écrit,
» que mon intention n'est pas de vous ôter les fonctions

» de curé, quoique j'en aie le droit; mais que ce droit, » je saurais l'exercer, si, par vos inconséquences et vos » déclamations, vous me forcez de penser que, plus » occupé de votre intérêt personnel que de l'intérêt vé» ritable de vos paroissiens, vous les exposez à de » grandes fautes en leur inspirant, par vos plaintes, des » préventions coupables envers leur premier pasteur.

» Recevez, Monsieur, cet avertissement dicté par le » sentiment de mon devoir, comme une preuve de l'af» fection dont je désire pouvoir vous donner l'assurance » ainsi qu'à tous les vénérables prêtres de mon diocèse.

» *Signé*, ✝ J.-B. Évêque de Chartres. »

M. Chasles répondit le 4 octobre de la manière suivante :

« Monseigneur, j'ai l'honneur d'accuser réception à » Votre Grandeur de sa lettre du 30 septembre, et de » la remercier de ce qu'elle a bien voulu, dans cette » circonstance, correspondre avec moi par écrit. Il est » fâcheux que M. Verguin n'ait pas employé cette forme » généralement usitée et si propre à éviter tout mal» entendu.

» Qu'il me soit permis, Monseigneur, de vous sou» mettre les réflexions que cette lettre m'a suggérées. » Ne pas répondre, surtout à la partie dans laquelle » l'inamovibilité de mon titre de curé est attaquée de » la manière la plus formelle, ce serait y renoncer et » le perdre sans retour.

» Ce titre, vous le savez, Monseigneur, je l'ai toujours » défendu; constamment j'ai protesté contre les actes mul» tipliés qui, depuis près de deux ans, m'en dépouil» laient successivement et presque de jour à autre. Je » suis donc conséquent avec moi-même dans les repré-

» sentations respectueuses que je me vois obligé de vous
» adresser aujourd'hui.

» La souscription est à *M. Chasles, chanoine-curé*
» *de la cathédrale :* c'est une innovation. Jusqu'à présent
» le titre qui m'a été donné dans toutes les relations
» officielles, est celui de *curé de Notre-Dame*, et ce
» titre est le mien ; il le serait même encore, alors
» que le principe de l'inamovibilité recevrait quelque
» atteinte en ma personne.

» J'ignore, Monseigneur, jusqu'à quel point, dans le
» silence du concordat, les idées nouvelles auraient al-
» téré l'ancienne doctrine. Quant à moi, j'ai pensé qu'il
» était de mon devoir de défendre les droits légitimes
» des curés; je ne crois donc pas avoir manqué aux
» convenances en écrivant à ce sujet à S. Exc. le
» Ministre de l'intérieur.

» Pourtant je regretterais ce recours à l'autorité supé-
» rieure, si malheureusement ce que j'ai recueilli de la com-
» munication verbale de M. Verguin, que j'ai rapportée fi-
» dèlement, quoi qu'il en ait pu dire, ne se trouvait plutôt
» confirmé que détruit par la lettre de Votre Grandeur.

» En effet, par sa lettre, après avoir rappelé l'assu-
» rance qu'elle m'a donnée précédemment, de ne point
» me retirer le titre de curé, Votre Grandeur déclare
» *que son intention n'est pas de m'ôter les fonctions*
» *de curé, quoiqu'elle en ait le droit ; mais que ce droit*
» *elle saura l'exercer, si, par mes inconséquences et*
» *mes déclamations, je la force à en user.*

» Malgré toute ma déférence pour votre dignité et pour
» votre personne, je ne saurais, Monseigneur, ni vous
» reconnaître un droit qui me paraît destructif de celui
» consacré par la discipline de l'Église et les ordonnances

» de nos Rois, ni admettre une restriction uniquement fondée
» sur une supposition non moins désobligeante que gra-
» tuite.

» C'est dire en même temps à Votre Grandeur que
» je ne puis accepter la censure dont l'expression est
» consignée dans sa lettre : jamais je n'ai rien fait entendre
» à mes paroissiens que ma conscience et la Religion ne
» m'aient commandé. Quand j'ai dû publier des ordres de
» Votre Grandeur ou de ses vicaires-généraux, jamais je
» ne l'ai fait avec l'accent de la plainte ; et, bien loin
» d'inspirer aux fidèles aucune prévention coupable en-
» vers leur premier pasteur, je n'ai cessé de leur prêcher
» le respect et la soumission qui lui sont dus.

» Je n'agis point dans mon intérêt personnel, et je n'ai
» pu voir sans douleur la supposition contraire dans la
» bouche d'un prélat que j'ai fait vœu d'honorer et que
» j'honorerai dans toutes les circonstances.

» Daignez, Monseigneur, accueillir favorablement ces
» humbles réflexions dictées par le sentiment de mes
» devoirs envers le troupeau qui m'est confié, et par
» un attachement inviolable et sans bornes aux principes
» et à la discipline de l'Église. »

Copies de cette lettre et de la précédente furent envoyées à S. Exc. le Ministre de l'intérieur et à monseigneur l'Archevêque de Paris, auxquels M. Chasles avait déjà écrit dès la fin de juillet.

Cependant il ne se fit aucune tentative apparente pour dépouiller M. Chasles du titre qu'il annonçait vouloir défendre avec persévérance ; mais il survint un incident auquel on ne fit pas d'abord toute l'attention qu'il méritait, et dont l'effet, pour le curé de Notre-Dame, aurait pu être une renonciation tacite à son titre.

Le 11 octobre on lui expédia un mandat de traitement pour le trimestre de juillet. Ce mandat était de 375 francs au lieu de 308 francs 25 centimes, et portait le titre nouveau de *chanoine-curé de la cathédrale*..

M. Chasles, après l'avoir acquitté sans le lire, s'aperçut qu'on lui donnait une somme plus forte que celle à laquelle il avait droit, et une qualification qui ne lui appartenait pas. Il réclama auprès de M. le Préfet et de M. Verguin, vicaire-général; il crut même devoir donner connaissance de ce fait à S. Exc. le Ministre de l'intérieur et à monseigneur l'Archevêque de Paris.

M. Chasles profita de la lettre qu'il adressait à M. Verguin, pour lui rappeler qu'il ne connaissait pas officiellement, ni autrement que par une sorte de rumeur publique, l'ordonnance de monseigneur l'Évêque, relative à la réunion de la cure.

Le 31 octobre M. Verguin répondit :

« Le payement des traitemens, et le mode des signa-» tures, *sont du ressort de la Préfecture.* Vous trou-» verez ci-jointes les ordonnances que vous demandez » à connaître. » (Celles des 19 janvier et 9 juillet 1823.)

C'est ainsi que ces ordonnances sont parvenues à M. Chasles.

Le 3 novembre M. Chasles renvoya le mandat du 11 octobre à M. le Préfet, avec invitation de lui en délivrer un autre dans la forme et de la somme ordinaire.

M. le Préfet répondit le 7, que le mandat avait été expédié sur un état *dressé à l'évêché*, et qu'il ne pourrait en délivrer un autre, que lorsque ledit état aurait subi les changemens dont M. Chasles le croyait susceptible.

Sur ce, nouvelles lettres et une note.

Cet incident n'est point encore réglé; depuis plus de

deux ans, M. Chasles reste privé de son traitement. Il a adressé à ce sujet, en novembre 1825, une requête à S. Exc. le Ministre des affaires ecclésiastiques.

Le 24 novembre 1823, on remit en grande solennité à M. Chasles une lettre de monseigneur l'Evêque, en date du 18 du même mois, et conçue en ces termes :

« J'avais espéré, Monsieur, que le temps et la réflexion, » en vous rappelant à vos anciens principes, vous ramè- » neraient à votre devoir, et je suis affligé de m'être » trompé. Vous avez mal interprété ma patience, et votre » persévérance dans un déplorable système d'opposition » me réduit à la triste nécessité d'en arrêter les consé- » quences, en faisant usage de l'autorité que je tiens de » Dieu et de la sainte Église.

» C'est donc pour la dernière fois que je vous invite à » vous soumettre aux dispositions de mon ordonnance du » 19 janvier 1823, approuvée par celle de Sa Majesté, en » date du 29 juillet suivant, et je vous avertis que, faute » par vous de m'avoir fait parvenir l'acte de votre soumis- » sion avant le 1er décembre prochain, j'agirai ainsi que » j'en ai le droit.

» Je prie Dieu, Monsieur, qu'il vous inspire les sentimens » qui doivent remplir le cœur d'un bon prêtre à l'égard de » son Evêque.

» *Signé*, ✝ J.-B., Evêque de Chartres. »

« *P. S.* La réponse à cette lettre doit être remise au con- » cierge de l'évêché de Chartres. »

Le 25, M. Chasles répondit :

« Monseigneur, je n'ai reçu que hier 24, à midi, par » l'intermédiaire de M. de Rouville, accompagné de

» MM. Itasse et Guillard, la lettre de Votre Grandeur, en » date du 18, et voici ma réponse que je n'ai nul intérêt » de différer.

» Pour donner ou refuser ma soumission aux disposi- » tions de l'ordonnance du 19 janvier 1823, approuvée » par celle de Sa Majesté, j'attendrai que cette ordon- « nance, ainsi que les actes faits en conséquence, si toutefois » il en existe qui me concernent, m'aient été notifiés léga- » lement, et non transmis *accidentellement* par une per- » sonne *inhabile*, comme cela a eu lieu le 31 octobre der- » nier pour ladite ordonnance.

» Dès que cette formalité indispensable, dont l'absence » suffirait pour justifier ma conduite s'il en était besoin, » et sans laquelle, d'ailleurs, je ne pourrais qu'agir aveu- » glément, aura été remplie, je me ferai un devoir d'a- » dresser à Votre Grandeur, soit l'acte de soumission » qu'elle me demande impérativement pour le 1er décem- » bre prochain, soit des observations, ou enfin, un refus » motivé.

» Je ne réponds point, Monseigneur, à ce qui, dans votre » lettre, n'est que l'expression d'un mécontentement ex- » trême, et que j'ose dire immérité. Je me borne à supplier » Votre Grandeur de ne pas interpréter défavorablement » mon silence, et de croire que, toujours fidèle aux vrais » principes, je n'ai jamais eu l'intention coupable de mé- » connaître l'autorité de mon Evêque. »

Enfin, le 4 décembre, M. Chasles reçut la lettre suivante datée du 3, et souscrite par Monseigneur.

« Monsieur, attendu que mon ordonnance sur la réu- » nion de la cure de Notre-Dame au chapitre de ma cathé- » drale est suffisamment connue, non-seulement parce » qu'elle a été publiée dans une assemblée capitulaire con-

» voquée à cet effet, et à laquelle vous avez été appelé ; » mais qu'elle est devenue un fait public dont vous avez » parfaite connaissance, ainsi que le prouvent vos consul- » tations, votre opposition et toute votre conduite, je dois » regarder la réponse que vous m'avez adressée le 25 no- » vembre, comme un refus véritable de vous soumettre » aux dispositions de la susdite ordonnance.

» Je vous dois, Monsieur, un dernier avis qui intéresse » votre conscience.

» Souvenez-vous qu'un vicaire-général qui parle ou » agit au nom de son Evêque, n'est pas *une personne* » *inhabile* à notifier ses ordres ; mais que tout prêtre » qui connaît ses devoirs lui doit respect et soumission » comme à l'Evêque lui-même.

» Souvenez-vous aussi que les actes de l'autorité spiri- » tuelle sont obligatoires aussitôt qu'ils sont connus, et c'est » en vous faisant notifier une ordonnance d'interdit, que » je crois devoir vous rappeler cet incontestable prin- » cipe. »

« *Signé*, J.-B., Evêque de Chartres. »

Cette lettre était accompagnée de la sentence d'interdit fulminée en ces termes :

« Nous, Jean-Baptiste-Marie-Antoine de Latil, par la » grâce de Dieu et l'autorité du Saint-Siége apostoli- » que, Évêque de Chartres, pair de France, premier au- » mônier de S. A. R. monseigneur Charles-Philippe de » France, Monsieur, frère du Roi, etc.

» En vertu de l'ordonnance par nous rendue le 19 jan- » vier 1823, et approuvée par celle de Sa Majesté, le 29 » juillet suivant, portant la réunion de la cure de Notre- » Dame au chapitre de notre cathédrale, avons Ordonné et » Ordonnons :

» Art. 1er. Le sieur Pierre-Claude Chasles cessera, à dater de ce jour, de jouir du titre et des émolumens de curé de la paroisse de Notre-Dame, et cessera, par conséquent, d'en remplir les fonctions dans ladite paroisse. Il conservera dans notre chapitre le rang de chanoine titulaire, et jouira du traitement qui y est attaché.

» 2. Attendu que l'opposition du sieur Chasles, aux dispositions de la susdite ordonnance, a produit un mal dont il est de notre devoir d'arrêter les conséquences, et a pris un tel caractère, qu'elle lui ôte tout droit à notre confiance, non-seulement nous lui interdisons les fonctions curiales, mais nous lui retirons tout pouvoir d'entendre les confessions et d'annoncer la parole de Dieu.

» Donné à Paris, le 3 décembre 1823, sous notre seing, le sceau de nos armes, et le contre-seing de notre secrétaire.

» *Signé*, J.-B., Evêque de Chartres. »

Par Monseigneur. *Signé*, L. AUBRY, pro-secrétaire.

Dès la réception de cette sentence, M. Chasles, *par pure obéissance, et sous la réserve de ses droits*, s'est abstenu des fonctions qui lui étaient interdites par l'ordonnance de Monseigneur; toutefois, deux jours après, il reçut, sans l'avoir demandée, l'autorisation d'assister dans ses derniers momens un malheureux condamné à mort.

Le 7 décembre, M. Chasles a accusé réception à Monseigneur de sa lettre du 3, et de la sentence y jointe. Il refusa le canonicat et le traitement.

Le 10, M. Chasles invoqua la justice de monseigneur l'Archevêque de Paris, en ces termes :

« J'étais loin de m'attendre au coup qui vient de me

» frapper. Je croyais que monseigneur mon Evêque aura » interprété plus favorablement les sentimens sincères qu » j'avais l'honneur de lui exprimer quelques jours avan » qu'il lançât contre moi un interdit auquel je me soumet » depuis le 4 de ce mois.

» Monseigneur mon Evêque me fait, dans sa lettre qui » accompagne sa sentence d'interdit, des reproches d'avoir » consulté sur l'objet important de l'irrévocabilité de mon » titre : n'est-ce pas, j'ose le dire à Votre Grandeur, un » reproche qui milite en ma faveur ? Je cherchais par là à » m'éclairer et à prendre un parti en connaissance de » cause; et, très-certainement, si on m'avait prouvé que » j'étais dans l'erreur, ou, si, par des motifs satisfaisans, » on m'eût fait sentir la nécessité de ma démission, je » ne m'y serais pas refusé. Mais ma lettre du 25 novem- » bre, en réponse à celle de Monseigneur, reçue le 24 » du même mois, quoique datée du 18, a été regardée » comme un refus de me soumettre, et la sentence d'*in-* » *terdit* a été portée le 3 décembre.

» Comme Archevêque de Paris et notre métropolitain, » je remets la cause de mon interdit entre vos mains. Vous » pouvez en connaître le motif, par la copie que j'ai cru » devoir faire passer ci-incluse à Votre Grandeur. Les con- » séquences de *mon opposition* et *le mal qu'elle produit* » sont purement imaginaires. J'en prends à témoin toute » la ville, les administrations, en un mot, tous ceux que » l'on voudra interroger.

» Ah! Monseigneur, j'attends tout avec entière confiance » de votre justice, dans une cause qui intéresse la re- » ligion......... »

Le 16, ayant appris que les ordonnances des 19 janvier et 9 juillet, ainsi que celle du 3 décembre, avaient été publiées à l'une des messes de Notre-Dame, M. Chasles crut devoir écrire à monseigneur l'Evêque :

« Monseigneur,

» Aussi long-temps que j'ai pu espérer quelque changement dans les dispositions de Votre Grandeur à mon égard, j'ai dû m'abstenir de toute discussion et de toute défense régulière; mais aujourd'hui que la publication faite, dimanche dernier, à l'une des messes de la cathédrale, d'un acte que je ne saurais qualifier, me signale à mes paroissiens comme insoumis, désobéissant, etc., etc., il ne m'est plus permis de ne pas élever ma voix pour ma justification, et pour obtenir ma réintégration dans l'exercice de mes fonctions curiales.

» Je vous déclare donc, Monseigneur, que je renouvelle ici, en tant que besoin est, mes protestations contre les atteintes multipliées portées à mes droits depuis plus de deux ans, et qu'en outre je proteste formellement par la présente, tant contre votre ordonnance du trois de ce mois tendante à me dépouiller du titre de curé de la paroisse de Notre-Dame de Chartres, que contre les actes qui en ont été ou qui en seraient la suite, me réservant de me pourvoir, sans délai, devant qui de droit, contre cette ordonnance et ces actes.

» Je dois aussi vous dire que mon intention est de repousser, par tous les moyens qui sont en mon pouvoir, l'imputation d'insoumission et de désobéissance dirigée contre moi.

» Quant à l'interdit dont vous m'avez frappé, je continuerai à suivre, auprès de Monseigneur l'Archevêque de Paris, l'effet des réclamations que je lui ai adressées.

» Quelles que soient, Monseigneur, les conséquences de

» cette affaire pour la Religion, je n'aurai rien à me re-
» procher; mais je regretterai toujours qu'au lieu d'avoir
» cherché à détruire l'erreur où je puis être sur l'irrévo-
» cabilité et l'inamovibilité des curés, vous ayez préféré
» exercer contre moi un acte d'autorité dont quarante
» années de travaux ecclésiastiques, et mon zèle si connu
» pour le bien de l'Eglise, semblaient devoir me pré-
» server. »

Le même jour, M. Chasles renouvela ses prières et ses instances auprès de monseigneur l'Archevêque de Paris pour obtenir justice.

« Dans les temps d'exécrable mémoire, lui dit-il, les
» tribunaux étaient fermés à l'innocence; aujourd'hui j'es-
« père qu'en recourant à celui de Votre Grandeur, comme
» je l'ai déjà fait par ma lettre du 10, ce ne sera pas en
» vain.

» Pour me faire rendre justice il me serait infiniment
» pénible d'avoir recours à un autre tribunal que le vôtre.
» Vous êtes notre métropolitain; vous êtes donc mon juge,
» et je vois avec satisfaction ma cause entre les mains d'un
» prélat au-dessus de tout éloge.

» Je souffre patiemment depuis plus de deux ans, Mon-
« seigneur; je me suis soumis à tout; mon crime est donc
» de ne pas vouloir abandonner ma paroisse, et renoncer à
» mon titre curial, titre que l'on m'enlève contre toutes
» les lois ecclésiastiques et civiles : et cette spoliation, sous
» le règne légitime et paternel des Bourbons! »

Le 5 janvier 1824, désirant connaître ce qui avait eu lieu dans l'assemblée capitulaire mentionnée dans la lettre de Monseigneur du 3 décembre, M. Chasles pria le secrétaire de l'évêché de lui délivrer une expédition du procès-verbal, ainsi que de toutes autres pièces relatives au même objet.

Le 7, il reçut la réponse suivante :

« Monsieur l'*Abbé*, j'ai l'honneur de vous adresser ci-» joint l'extrait du procès-verbal de la séance capitulaire » du jeudi 31 juillet 1823. »

Procès-verbal de la séance capitulaire du jeudi 31 juillet 1823.

« Le Chapitre convoqué par M. Verguin, président, » tous les membres présens, excepté M. Chasles, M. Ver-» guin, président, donne connaissance d'une ordonnance » du Roi, en date du 9 juillet 1823, ainsi conçue, etc.;

» Et d'une ordonnance de monseigneur l'Évêque, du » 19 janvier 1823, etc.;

» Et ont signé Messieurs de Rouville, Verguin et Guil-» lard, chanoine honoraire pro-secrétaire du Chapitre.

» Pour copie conforme : *Signé* GUILLARD. »

M. Chasles ne recevant pas de réponse de monseigneur l'Archevêque métropolitain, ni de S. Exc. le Ministre de l'intérieur, auxquels il avait écrit à plusieurs reprises, se vit, avec peine, forcé de recourir à l'autorité judiciaire; mais, au lieu de citer directement monseigneur de Latil, il crut devoir, par respect pour le caractère de ce prélat, demander à la Cour royale de Paris la permission d'assigner.

A cet effet une requête fut présentée à M. le premier Président de la Cour, le 10 janvier.

Monseigneur l'Archevêque de Paris, informé de cette démarche, lui écrivit la lettre suivante :

Paris, 16 janvier 1824.

« Monsieur, vous ne devez pas être étonné que je n'aie

» pas répondu aux lettres que vous m'avez écrites ; malgré
» l'avis que je vous avais fait donner par un de mes grands
» vicaires, j'ai vu que si vous me demandiez des conseils,
» vous ne paraissiez pas disposé à les suivre, et la démarche que vous venez de faire vis-à-vis de la Cour royale
» de Paris, achève de me persuader qu'il y a peu d'espérance de vous voir changer un système établi sur un faux
» principe : assimilant votre titre dans une église devenue
» cathédrale à celui des autres curés dont les paroisses
» n'ont reçu canoniquement aucune nouvelle destination.
» A la résistance soutenue vous avez cru pouvoir ajouter
» le scandale d'un appel devant une autorité civile, qui,
» très-certainement, déclarera son incompétence. Vous
» avez de nouveau affligé l'Église de Chartres, et justifié
» les mesures de sévérité dont vous avez été l'objet. Quel
» malheur pour vous, Monsieur, de perdre ainsi en peu
» d'instans le fruit et le mérite d'une honorable carrière !
» Votre conscience, dont vous invoquez la voix, ne devait-elle pas être assez tranquille en se réformant sur
» celle de votre Évêque ; et les jugemens de Dieu ne vous
» auraient-ils pas été favorables comme ceux des hommes,
» lorsque vous auriez suivi avec docilité et avec abandon
» la route qui vous était indiquée par le pasteur chargé de
» conduire les prêtres et les fidèles ?

» Croyez-moi, Monsieur, honorez-vous par le repentir
» et la soumission ; rendez l'un et l'autre assez publics pour
» reconquérir, avec les bonnes grâces de votre Évêque,
» l'estime et la confiance qu'un moment d'erreur vous ont
» fait perdre, et que votre persévérance à la soutenir éloignerait de vous peut-être sans retour.

» J'envoie copie de cette lettre à monseigneur l'Évêque
» de Chartres. Recevez, etc. »

Signé, ✠ HYACINTHE, Archevêque de Paris.

N° 2. — *EXTRAIT de la Requête de M. Chasles, à la Cour royale de Paris.*

« Attendu que, par décret du 25 mars 1813, art. 5, les appels comme d'abus ont été formellement restitués aux Cours souveraines, et qu'en ce point celles-ci ont succédé aux attributions des parlemens; attendu que ce décret a été inséré au bulletin des lois; qu'en vertu de l'article 68 de la Charte, il est devenu loi de l'État, et qu'il n'a point été abrogé; attendu que si par l'art. 18 de l'ordonnance du 29 juin 1814, relative à l'organisation du conseil d'état, il a été dit, par forme d'énonciation, que ce conseil connaissait des appels comme d'abus, cette énonciation, purement accidentelle, n'a pu dessaisir les Cours royales d'une attribution dont elles étaient, par un acte devenu législatif, définitivement investies; que, d'ailleurs, l'ordonnance du 29 juin 1814 a été entièrement rapportée par celle du 23 août 1815, qui a réorganisé le conseil d'état sur de nouvelles bases, et qui ne parle plus des appels comme d'abus; que le Gouvernement lui-même a reconnu qu'il était dessaisi de ce droit, puisque, dans l'ordonnance royale du 22 novembre 1817, proposée en forme de projet de loi aux chambres, il est dit, article 8, que le cas d'abus serait porté *directement* aux Cours royales, première chambre civile, à la diligence des procureurs généraux, ou sur la poursuite des parties intéressées; que si le conseil d'état est resté en possession *de fait*, de la connaissance de ces sortes d'affaires, il ne l'est pas de droit, puisque le décret du 25 mars 1813, n'a jamais été législativement rapporté; pourquoi l'exposant vous supplie, M. le premier Président, de vouloir bien lui adjuger les fins de la présente requête, et ce sera justice. *Signé* DURAND, Avoué en la Cour.»

N° 3. — *ARRÊT de la Cour royale, 20 janvier 1824.*

LA COUR, — vu la requête présentée par Pierre-Claude Chasles, tendante à obtenir la permission d'assigner devant la Cour, à raison d'appel comme d'abus, Jean Baptiste-Marie-Anne-Antoine de Latil, Evêque de Chartres, ladite requête, signé Durand, Avoué; vu l'ordonnance de soit communiqué au Procureur général du Roi, rendue par le premier Président de la Cour royale de Paris, en date du 12 janvier présent mois; vu les conclusions par écrit du Procureur général, en date du 14 janvier, aussi présent mois; ouï M. Sylvestre fils, conseiller, en son rapport,

Après en avoir délibéré;

Vu la loi du 16 germinal an 10 (8 avril 1802), et notamment l'article 8 de ladite loi, ainsi conçu:

« Le recours compètera à toute personne intéressée. Le fonctionnaire public, l'ecclésiastique ou la personne qui voudra exercer ce recours, adressera un mémoire détaillé et signé, au conseiller d'état, chargé de toutes les affaires concernant les cultes, lequel sera tenu de prendre, dans le plus court délai, tous les renseignemens convenables; et sur son rapport, l'affaire sera suivie et définitivement terminée dans la forme administrative, ou renvoyée, suivant l'exigence des cas, aux autorités compétentes.. »

Délaisse le requérant à se pourvoir.

Délibéré en la chambre du conseil de la première chambre de la Cour. — M. Séguier, premier Président.

N° 4. — AU MINISTRE DE L'INTÉRIEUR.

RECOURS POUR CAUSE D'ABUS.

Chartres, 25 janvier 1824.

M. Chasles a l'honneur d'exposer qu'en conformité de l'art. 8 de la loi du 8 avril 1802, il se pourvoit devant V. Exc., pour que, sur son rapport, ou sur celui du conseiller d'état chargé des affaires des cultes, il soit, dans le plus court délai, présenté à S. M., en son conseil d'état, un projet d'ordonnance qui statue sur l'appel comme d'abus, qu'il interjette par la présente requête contre monseigneur l'Evêque de Chartres, à raison des actes par lesquels ce prélat a successivement dépouillé l'exposant de ses attributions curiales, et l'a frappé d'un interdit arbitraire.

Déjà, et depuis assez long-temps, V. Exc. a connaissance des griefs de l'exposant, soit par ses lettres successives, soit par le renvoi que monseigneur le grand Aumônier annonce en avoir fait au ministère, par sa lettre du 26 novembre 1823.

N'ayant obtenu aucune réponse à ces lettres, et ayant épuisé le recours à la juridiction spirituelle qui s'est aussi refusée à statuer, ainsi qu'il résulte de la lettre de monseigneur l'Archevêque métropolitain, du 16 janvier 1824, ci-jointe, j'ai dû recourir à l'autorité civile.

Ce n'est pas d'ailleurs devant V. Exc., devant un ministre du Roi, que j'ai à me justifier d'avoir eu recours à l'autorité des lois, et d'en appeler en ce moment à la justice de mon Souverain, d'autant plus que mon premier moyen d'abus intéresse essentiellement la souveraineté et les droits de la couronne.

L'exposant résume ses griefs dans les trois propositions

suivantes : 1° Par ordonnance épiscopale du 8 novembre 1821, monseigneur de Latil, en organisant son chapitre contrairement aux dispositions de la loi organique du concordat, et en déclarant tenir ses pouvoirs d'une bulle du Saint-Père, du 27 juillet 1817, non vérifiée ni reçue dans le royaume, et formellement exclue par S. M., a violé, par son ordonnance du 19 octobre 1821, le premier principe des libertés gallicanes, et porté une atteinte essentielle à la dignité et à l'indépendance de la couronne; délit prévu par l'article 2 de la loi du 9-17 juin 1791; par les articles 1 et 3 de la loi de 1802, et par les articles 5 et 6 de l'ordonnance du 22 novembre 1817.

Par cette ordonnance épiscopale, Monseigneur s'est attribué la fixation exclusive du nombre et du choix des chanoines qu'il a porté au-dessus de celui voulu par la loi, tandis que, par l'article 35 de la loi 1802, il appartient au Gouvernement du Roi de statuer à cet égard.

En appelant le curé de Notre-Dame dans ce chapitre irrégulièrement formé, et dont les nominations n'ont point reçu la sanction royale, il en a voulu induire la renonciation de l'exposant à son titre de curé, ce qui donne à ce dernier le droit d'attaquer, en son nom personnel, l'ordonnance épiscopale dont il s'agit, sauf à S. E. à agir dans l'intérêt de la vindicte publique et pour l'honneur de la couronne, d'office, comme il l'a fait par l'ordonnance royale du 10 janvier 1824, insérée dans le Moniteur du 11.

2°. Par ses ordonnances épiscopales, des 19 janvier et 5 décembre 1823, monseigneur l'Évêque de Chartres, au mépris des lois de l'Église, par lesquelles les curés sont attachés à leur troupeau à perpétuité, et par un lien indissoluble, qu'aucune autorité civile ni spirituelle ne peut rompre, et du principe de l'inamovibilité des curés consacré notamment par le saint concile de Trente (Session 7, chap. 7, *de Reformatione*), et par le droit public du royaume, notamment par les ordonnances de Louis XIV, du 29 janvier 1686, l'article 24 de l'édit d'avril 1695, la déclaration de Louis XV du 15 janvier 1731, et par l'art. 31 de la loi de 1802, s'est permis de priver l'exposant de l'exercice de ses fonctions curiales, de révoquer un titre inamovible de son vivant, même de lui enlever son titre de *curé*, et ce, sous prétexte de l'union de la cure à ce chapitre; union contraire aux sacrés canons et au concile de Trente (Session 24, chap. 13, *de Reformatione*); à l'ordonnance de Blois, articles 22 et 23, et à l'arrêt du parlement de Paris, du 24 mars 1764, rendu sur les conclusions de M. l'avocat général Talon, à l'égard de l'église Saint-Saturnin de Chartres.

En quoi monseigneur a évidemment abusé de ses pouvoirs, et agi contrairement à ce qui s'est pratiqué jusqu'à ce jour, même dans les églises métropolitaines et cathédrales.

3°. Par ladite ordonnance du 3 décembre 1823, monseigneur l'Evêque de Chartres a fulminé contre l'exposant une sentence d'interdit illimité.

1°. Hors du siége de sa juridiction; 2° sans citation libellée; 3° sans que l'exposant ait eu la faculté de se défendre; 4° sans en avoir délibéré avec son conseil épiscopal, et, par conséquent, non juridiquement; 5° pour fait de résistance à la démission de sa cure; fait qui, non-seulement, n'est pas réprouvé par les canons, mais qui, au contraire, est l'exercice d'un droit légitime.

En quoi monseigneur l'Évêque de Chartres a violé les saints canons, la discipline de l'Eglise, le droit public de

France, et la jurisprudence du conseil d'état, attestée par l'auteur des Questions de droit administratif, v°. *Appel comme d'abus.*

L'exposant se réserve de développer ces moyens d'abus dans un Mémoire subséquent.

Et dans le cas où il lui serait opposé que les ordonnances épiscopales dont il s'agit auraient été approuvées par décisions royales, attendu que ces ordonnances ont été prises en son absence et sans qu'il ait été entendu, que, notamment, celle du 9 juillet 1823, n'a été prise que sous la condition tacite qu'elle ne serait point mise à exécution du vivant de l'exposant, il concluera, à ce qu'il plaise à S. M. le recevoir, en tant que besoin serait, opposant aux ordonnances précitées : ce faisant et interprétant lesdites ordonnances, déclarer qu'il y a *abus*, et que l'exposant sera réintégré dans ses fonctions comme curé inamovible, et relevé de l'interdit qui sera déclaré nul et de toute nullité.

N° 5.—CONSULTATION DE M. ISAMBERT.

Le Conseil soussigné,

Qui a pris lecture du Mémoire à consulter présenté par M. Chasles,

Ensemble des pièces y énoncées, notamment :

1°. De l'ordonnance épiscopale du 8 novembre 1821, relative à l'érection du Chapitre ;

2°. De l'ordonnance du 19 janvier 1825, relative à la réunion de la cure de la paroisse Notre-Dame au chapitre de la cathédrale ;

3°. Et de l'ordonnance du 3 décembre 1825, qui retire

à M. Chasles l'exercice de ses fonctions curiales, et le frappe d'interdit ;

EST D'AVIS qu'il y a, dans cette circonstance, de la part de monseigneur l'Evêque de Chartres, ABUS et violation des règles canoniques et des principes du droit public français.

§. 1er. *Il y a abus, en ce que monseigneur l'Évêque de Chartres a agi en vertu de pouvoirs à lui conférés par une bulle du Pape, qui n'a pas été reçue.*

Cet abus est très-grave; c'est une atteinte directe à la souveraineté et à l'indépendance de la couronne; il tend à élever la puissance spirituelle au-dessus du pouvoir temporel, à soumettre les catholiques français à une autorité étrangère.

Jamais nos parlemens, jamais l'autorité royale n'ont souffert qu'un membre du clergé, quelque éminente que fût sa dignité, quand même il serait prince de l'Eglise romaine, pût invoquer en France d'autres lois que celles établies par la puissance législative de ce royaume.

Les actes des conciles généraux eux-mêmes, n'étaient reçus qu'après que les corps institués à cet effet s'étaient assurés qu'ils ne contenaient rien de contraire aux maximes, franchises et libertés de l'Église gallicane.

Ces libertés n'existent pas d'hier; elles sont nées avec la Monarchie française; elles en ont même précédé l'établissement de près d'un siècle, et il faut en rappeler sommairement l'histoire, pour faire voir que, dans tous les temps, elles ont été défendues par le clergé et par l'autorité des souverains.

Dans les conciles réunis à Riez en 439, à Orange en 441,

à Vaison en 442, les évêques des Gaules établirent des synodes annuels (1), le recours au synode, contre toutes les sentences des Evêques : c'était une déclaration d'indépendance. Le pape Léon les dénonça, en 445, à l'empereur Valentinien, comme contraires à l'unité de l'Église, et au pouvoir supérieur du siége apostolique.

Si Valentinien, par un édit solennel, condamna cette entreprise, c'est qu'elle était encore plus contraire à l'unité de l'Empire qu'à celle de l'Eglise. Aussitôt que les Gaules eurent secoué le joug de l'Empire, et se furent constituées indépendantes, on vit renaître les synodes et les conciles nationaux.

Ils devinrent très-nombreux au commencement du sixième siècle, et nous eûmes dès lors une véritable Eglise gallicane ; mais, fidèle envers le trône, elle n'affecta jamais de suprématie ; ses actes n'eurent d'autorité qu'avec la sanction formelle de nos rois : c'est ce que prouve le concile tenu à Orléans, sous Clovis, fondateur de la monarchie française, en 511, et celui tenu en présence de Pepin, chef de la seconde dynastie, en 744 ; on y voit que les lois ecclésiastiques étaient faites avec le concours de ces princes et par leur volonté, sans aucune intervention de la Cour de Rome.

Jamais aucun des Rois mérovingiens ne permit que le Saint-Père fît, en France, aucun acte de haute juridiction, ou que ses décisions fussent publiées sans son aveu. Jamais ils n'auraient toléré qu'un évêque déclarât agir en vertu des pouvoirs à lui conférés par une bulle du Pape ; et cependant, à aucune époque, le clergé ne fut plus florissant ;

(1) Voyez le Recueil des Conciles de la Gaule, par le père Sirmundus, tome Ier.

jamais la religion catholique n'eut plus d'empire sur les esprits; l'union la plus entière régnait dans le clergé, parce que les droits de tous étaient garantis.

Alors aussi, il était impossible qu'il y eût oppression de la part des évêques; car ils étaient élus par le clergé et par le peuple, le Roi ne faisait que sanctionner leur vœu; et si un évêque avait oublié ce qu'il devait aux pasteurs du second ordre, il eût été rappelé à l'observation des règles canoniques par l'assemblée synodale.

Qu'est devenue cette ancienne discipline? Elle a péri comme tant d'autres institutions recommandables; après avoir fleuri et porté les fruits les plus abondans sous la première et sous une partie de la seconde race, elle commença à s'altérer sous les faibles descendans de Charlemagne; elle se perdit dans l'anarchie féodale, au milieu des ténèbres épaisses des dixième, onzième et douzième siècles.

C'est pendant cet intervalle que la Cour de Rome affecta la monarchie universelle, qu'elle disposa des couronnes, qu'elle soumit nos Rois à une pénitence publique, qu'elle les excommunia; c'est alors qu'elle s'empara de l'élection exclusive des Evêques. Dès lors il n'y eut plus de représentation nationale d'aucune espèce, plus de conciles nationaux, et par conséquent plus d'Église gallicane.

« Grégoire VII, a dit Bossuet, s'était fait un système de » monarchie universelle, qui ajoutait à la puissance ecclé» siastique un empire tel, que les choses humaines ne » peuvent le supporter; s'il a été mis au nombre des saints, » nous dirons que tout n'est pas bon à imiter dans les saints; » que nous demandons à être gouvernés par des lois, et » non par des exemples (*legibus non exemplis*), et sur» tout à n'être point forcés à des points de doctrine qui

» n'ont jamais été adoptés comme de foi dans l'Église ro- » maine. »

Saint Louis, l'un des plus grands, et certainement le plus pieux de nos Rois, publia, en mars 1268, sa célèbre Pragmatique, par laquelle il déclare : « Que sa couronne » relève de Dieu et non du Pape. » Par l'article 2, il rétablit « la liberté des élections dans les églises cathédrales » et autres; » et c'est ce que le Parlement eut occasion de rappeler plusieurs fois. « Il veut que les promotions, collations, provisions et dispositions des dignités et bénéfices ecclésiastiques soient faites conformément au droit commun, aux saints canons et aux maximes des Pères de l'Église. » Par l'article 5, il défend de lever aucuns droits pour la Cour de Rome, sans son exprès consentement; enfin, il confirme les libertés, franchises, immunités, prérogatives, droits et priviléges de l'Église de France « qu'il renouvelle, qu'il loue, approuve et confirme, en commandant à tous les officiers de justice, présens et *futurs*, de les garder inviolablement, sous peine *d'être punis de manière à servir d'exemple.* »

Philippe-le-Bel voulut, par une ordonnance de 1287, que les justices temporelles fussent exercées par des laïques. Boniface, ayant élevé quelques difficultés sur des impôts levés sur les biens ecclésiastiques, le Roi y répondit par son manifeste de 1296, dont le préambule est ainsi conçu :

« *Antequàm essent clerici, Rex Franciæ habebat custodiam regni sui, et poterat statuta facere.* » On y lit aussi : « *Sancta mater Ecclesia, sponsa Christi, non solùm est ex clericis sed etiam ex laicis.* »

Une bulle de 1297 fut vérifiée dans la Cour des pairs, et lue dans une assemblée de tous les prélats; la nécessité de cette vérification préalable est donc dès lors constatée.

Le Pape ayant essayé de convoquer les évêques de France à un concile hors du royaume, le Roi s'y opposa, et convoqua lui-même, en 1302, tous les prélats, barons et communes de son royaume. C'est à ces démêlés que la France a dû le rétablissement des Etats-généraux, oubliés depuis quatre cents ans.

Si, dans un Etat libre, le recours à l'autorité du souverain contre les actes de la Cour de Rome, si les droits de la puissance temporelle n'étaient pas défendus avec vigilance, le pouvoir absolu s'introduirait incessamment dans l'Église, et ensuite dans l'État, et nos libertés seraient encore perdues.

Le clergé du royaume, composé des archevêques et évêques, des abbés, prieurs, doyens, colléges, et autres personnes ecclésiastiques, écrivit alors (le 7 mars 1302), une lettre qui nous a été conservée, et par laquelle il demanda au Saint-Père de révoquer la bulle par laquelle il avait osé dire que le Roi de France lui était soumis dans les affaires spirituelles et temporelles, en lui déclarant que les barons, les communes et les laïques s'étaient soulevés contre cette proposition, et avaient offert leurs biens et leurs vies au Roi, pour résister à cette prétention; ils avaient même protesté que, si le Roi la tolérait ou *la dissimulait*, ils ne la supporteraient pas eux-mêmes.

Les deux successeurs de Boniface révoquèrent ses décrétales.

Sous Philippe-de-Valois, en 1329, il y eut des conférences pour la réforme des abus et des empiétemens de la juridiction ecclésiastique. Jusque-là, le recours au *prince* contre toutes les entreprises attentatoires à la dignité ou à l'indépendance de la couronne avait été porté devant le Monarque lui-même, parce que c'était la querelle de deux puissances. Pour éviter les démêlés qui en résultaient, la connaissance en fut alors déférée au Parlement, qui en ce moment était unique en France; c'est là l'établissement de l'appel comme d'abus, critiqué par quelques personnes peu instruites, comme contraire aux droits de la puissance spirituelle, appel devenu d'autant plus fréquent et plus nécessaire, dit le président *Hénault*, que les évêques ne voulaient plus assembler les conciles provinciaux, et qu'ainsi il n'y avait plus moyen, même pour les ecclésiastiques, d'obtenir aucune justice.

Le parlement se montra digne de la haute et délicate mission qui lui était confiée, en faisant tout à la fois respecter la religion et ses ministres, et en défendant le trône contre les entreprises de la Cour de Rome.

Depuis ce temps aucune bulle, aucun acte de la Cour de Rome ne put être invoqué dans le royaume, s'il n'avait été vérifié en Parlement.

Ce fut surtout depuis la promulgation de la fameuse Pragmatique sanction, rédigée par l'Église de France elle-même, dans l'assemblée de Bourges, qui fut publiée par Charles VII, le 3 juillet 1439, et reçue avec enthousiasme par tous les ordres, comme le code des libertés de l'Église gallicane; ce fut un dogme inexpugnable, que même les décrets des conciles généraux pour la discipline n'avaient de force qu'après avoir été examinés et *passés par édits de nos Rois*.

Louis XI feignit de révoquer la Pragmatique, mais les prélats et les ecclésiastiques eux-mêmes s'y opposèrent (c'est le pape Léon X qui s'en plaint dans le concordat de 1516.) Par son ordonnance du 8 janvier 1475, le Roi réserva toujours à son gouvernement l'examen des bulles de la Cour de Rome, avant leur réception.

Même dans le concordat qu'il fit avec le Pape à Bologne, en 1516, François Ier ne renonça pas à ce premier des droits de la couronne.

Louis XIV, dans le préambule de l'édit donné à Saint-Germain, au mois de mars 1682, sur la déclaration du clergé, s'exprime en ces termes :

« Bien que l'indépendance de notre couronne de toute » autre puissance que de Dieu, soit une vérité certaine et » incontestable, et établie par les propres paroles de Jésus-» Christ, nous n'avons pas laissé de recevoir avec plaisir la » déclaration que les députés du clergé de France nous » ont présentée, contenant leurs sentimens touchant la » puissance ecclésiastique, et nous avons d'autant plus » volontiers écouté la supplication que lesdits députés » nous ont faite, de faire publier cette déclaration dans » notre royaume, qu'étant faite par une assemblée com-» posée de tant de personnes également recommandables » par leurs vertus et par leur doctrine, et qui s'emploient » avec tant de zèle à tout ce qui peut être avantageux à » l'Église et à notre service, la sagesse et la modération » avec lesquelles ils ont exprimé les sentimens que l'on » doit avoir sur ce sujet, pourront beaucoup contribuer à » confirmer nos sujets dans le respect qu'ils sont tenus, » comme nous, de rendre à l'autorité que Dieu a donnée à » l'Eglise. »

En conséquence, le Roi défend de rien enseigner de contraire à cette déclaration ; il ne veut pas qu'aucun soit reçu dans les ordres avant d'avoir soutenu cette doctrine dans l'une de ses thèses.

Cette déclaration si fameuse et si honorable pour le clergé gallican, dont elle consacre les libertés, établit comme principes : « Que saint Pierre et ses successeurs

» n'ont reçu de puissance que sur les choses spirituelles, et » non pas sur les choses *temporelles et civiles*; et que les » Rois et Souverains ne sont soumis à aucune puissance » ecclésiastique, par l'ordre de Dieu, dans les choses tem- » porelles; que, quoique le Pape ait la principale part » dans les questions de foi, et que ses décrets regardent » toutes les Eglises et chaque Eglise en particulier, son ju- » gement n'est pourtant pas irréformable, à moins que le » consentement de l'Eglise n'intervienne. »

Ces principes, renouvelés par une déclaration royale du 8 mars 1772, ont été professés en France jusqu'à la révolution, et les ecclésiastiques qui exercent aujourd'hui les fonctions épiscopales doivent en être pénétrés.

Le décret spécial du 9 juin 1791, sanctionné par le Roi, est ainsi conçu :

« Considérant qu'il importe de fixer constitutionnelle- » ment les formes conservatrices des antiques et salutaires » maximes, par lesquelles la Nation française s'est tou- » jours garantie des entreprises de la cour de Rome, sans » manquer de respect au chef de l'Eglise catholique, dé- » crète :

» Art. 1er. Aucuns brefs, bulles, rescrits, constitutions, » décrets, et aucune expédition de la cour de Rome, sous » quelque dénomination que ce soit, ne pourront être » reconnus pour tels, reçus, publiés, imprimés, ni au- » trement mis à exécution dans le royaume; mais ils y » seront nuls et de nul effet, s'ils n'ont été présentés au » Corps législatif, vus et vérifiés par lui, et si leur publi- » cation ou exécution n'ont été autorisées par un décret » sanctionné par le Roi, et promulgué dans les formes » établies pour la notification des lois.

» 2. Les évêques, curés ou tous autres fonctionnaires

» publics, soit ecclésiastiques, soit laïques, qui, par contravention, liront, distribueront, feront lire, distribuer, imprimer, afficher, ou autrement donneront publicité *ou exécution* aux brefs, bulles, rescrits, constitutions, décrets ou autres expéditions de la cour de Rome, non autorisés par un décret du Corps législatif, sanctionné par le Roi, seront poursuivis criminellement comme perturbateurs de l'ordre public, et punis de la peine de la dégradation civique. »

Cette loi n'a jamais été rapportée; elle se trouve en parfaite harmonie avec le Code Pénal, et nous la croyons en pleine vigueur.

La loi organique du concordat de 1801, porte :

« Art. 1er. Aucune bulle, bref, rescrit, décret, mandat, provision, signature servant de provision, ni autre expédition de la cour de Rome, même ne concernant que les particuliers, ne pourront être reçus, publiés, imprimés, ni autrement mis à exécution sans autorisation du Gouvernement.

» 3. Les décrets des synodes étrangers, même ceux des conciles généraux, ne pourront être publiés en France avant que le Gouvernement en ait examiné les formes, leur conformité avec les lois, droits et franchises de l'État, et tout ce qui, dans leur publication, pourrait altérer ou intéresser la tranquillité publique. »

Le Gouvernement royal ne désavoue pas ces principes; car nous lisons dans l'ordonnance en forme de projet de loi, du 22 novembre 1817, article 5 :

« Les bulles, brefs, décrets et autres actes de la cour de Rome, ou produits sous son autorité, excepté les indults de la pénitencerie (1), en ce qui concerne le for inté-

(1) Exception introduite par le décret du 28 février 1810.

» rieur seulement, ne pourront être reçus, imprimés, pu-
» bliés et mis à exécution dans le royaume qu'avec l'auto-
» risation du Roi.

» 6. Ceux de ces actes concernant l'Église universelle, » ou l'intérêt général de l'État, ou de l'Église de France, » leurs lois, leur administration ou leur doctrine, et qui » nécessiteraient, ou desquels on pourrait induire quel- » ques modifications dans la législation actuellement exis- » tante, ne pourront être reçus, imprimés, publiés et mis » à exécution en France, qu'après avoir été dûment véri- » fiés par les deux Chambres sur la proposition du Roi.

» 7. Lesdits actes seront insérés au Bulletin des Lois » avec la loi ou ordonnance qui en aura autorisé la pu- » blication. »

Tels étant les principes antiques et inviolables de la monarchie : leur application à l'espèce ne peut donner lieu à aucune controverse.

Monseigneur l'Évêque de Chartres a déclaré positivement agir en conformité de la bulle de Sa Sainteté le Pape Pie VII, du 27 juillet 1817, qui aurait mis à sa disposition le nombre et la *qualité* des titres à ériger dans son Église, au lieu de procéder, conformément à la loi de 1802, qui, par son article 35, défend aux évêques d'établir des chapitres sans l'autorisation spéciale du gouvernement, tant pour l'établissement lui-même que pour le nombre et le *choix* des ecclésiastiques.

Le gouvernement a aussi statué, comme une règle, que le Chapitre diocésain ne serait pas composé de plus de huit membres (*voyez* l'Almanach du Clergé); et monseigneur l'Évêque de Chartres, en vertu des pouvoirs émanés d'une autorité étrangère, a pris sur lui d'outre-passer ce nombre.

Il institue un official, alors que les officialités sont formellement supprimées, ainsi que toute juridiction ecclésiastique, par la loi du 7 septembre 1790.

Monseigneur l'Evêque de Chartres déclare conférer à son Chapitre tous les droits, fonctions et prérogatives, dont jouissent les Chapitres des autres cathédrales; comme si ces pouvoirs n'émanaient pas de la loi, comme s'il était le maître d'en conférer d'autres par délégation du Pape!

Par l'article 12, il se réserve le droit de nomination exclusive des chanoines, et il oublie de dire qu'aux termes précis de la loi, ces nominations, pour être valides, doivent être approuvées par le Roi.

Les Chapitres sont, comme il le dit lui-même dans le préambule, d'après les conciles, ou d'après la doctrine de la primitive Église, le sénat et l'œil de l'évêque, et il interdit à celui qu'il institue toute délibération sur le gouvernement du diocèse, il soumet le Chapitre à l'exécution littérale et passive de ses ordonnances et statuts, même de ceux à venir.

Ce prélat n'a commis ces irrégularités que parce qu'il a oublié de consulter la loi de 1802, et parce qu'il n'a voulu connaître que la bulle de 1817.

Monseigneur l'Évêque est d'autant plus inexcusable d'avoir agi en vertu de cette bulle, qu'il était à sa connaissance particulière et personnelle, que non-seulement elle n'était pas reçue dans le royaume, mais qu'elle était formellement rejetée par le Roi.

En effet, par l'ordonnance du 19 octobre 1821, relative à la circonscription de trois archevêchés et de quatre évêchés, notamment de celui de Chartres, il est dit (art. 8), que chacun des brefs relatifs à la circonscription sont reçus sans approbation des clauses, formules ou expressions contraires à la Charte, aux lois du royaume, aux franchises, libertés et maximes de l'Eglise gallicane, « et sans qu'on » puisse en induire que la bulle de circonscription, donnée » à Rome le 27 juillet 1817, soit reçue dans le royaume. »

La même réserve est textuellement écrite dans la seconde ordonnance du 19 octobre 1821, portant publication de la bulle d'institution canonique de M. de Latil lui-même à l'évêché de Chartres.

Vainement ce prélat, pour excuser cette violation de l'une des maximes fondamentales de notre droit public, ferait-il ou aurait-il fait approuver son ordonnance épiscopale du 8 novembre 1821, par le ministre qui a la police des cultes.

Une telle approbation serait en contradiction manifeste avec les réserves consignées dans les ordonnances royales précitées, et par là même serait nécessairement subreptice.

On ne peut approuver par des ordonnances secrètes, non insérées au Bulletin des Lois, des actes attentatoires à la souveraineté et à l'indépendance de la couronne, et formellement réprouvés par les ordonnances mêmes du Roi, publiées avec les solennités requises.

Ce premier moyen d'abus est donc établi d'une manière inattaquable.

Mais appartient-il au consultant de le faire valoir? il n'aurait besoin de le faire qu'autant qu'on en argumenterait plus tard contre lui, pour en conclure que sa nomination parmi les chanoines a entraîné la démission de sa cure, prétention qui serait mal fondée; car cette nomination n'ayant pas reçu la sanction royale, n'est que provisoire; et alors comme depuis, M. Chasles n'a cessé de réserver ses droits curiaux; il n'a même jamais touché le traitement de chanoine.

Il suffit donc, quant à présent, d'avoir dénoncé ce premier moyen d'abus; c'est aux serviteurs de la couronne surtout qu'il appartient d'en faire valoir les droits; et l'exemple mémorable qu'ils viennent d'en donner, en provoquant l'ordonnance royale du 10 janvier 1824, qui, pour un cas moins grave peut-être, censure S. E. le cardinal archevêque de Toulouse, est un indice que, dans cette circonstance le ministre ne trahira pas la cause de la couronne. S'il le fallait, on en citerait un second exemple dans l'ordonnance du 23 décembre 1820, relatif à l'évêque de Poitiers, qui, malgré l'excuse donnée par ce prélat, qu'il avait agi par inadvertance, l'a censuré, parce que, dit l'ordonnance, « il est d'une indispensable » nécessité de maintenir l'observance de ces lois, et parce » que c'est une des règles les plus anciennes et les plus » importantes du royaume, que sous aucun *prétexte* les » bulles de la cour de Rome soient publiées ou reçues sans » avoir été préalablement vérifiées par le gouvernement. »

§. II. *Il y a abus en ce que monseigneur l'évêque de Chartres a, par ses ordonnances des 19 janvier et 5 décembre 1825, privé le consultant de ses fonctions et de son titre de curé inamovible.*

Quel est, relativement aux évêques, le droit des curés? sont-ils les délégués révocables du pouvoir épiscopal, ou ne tiennent-ils pas au contraire leur pouvoir de la sainte Eglise par l'institution canonique de leurs évêques ?

Quoique soumis dans l'exercice de leurs fonctions, à la direction de l'évêque, lequel a des pouvoirs et une juridiction supérieurs, lesquels sont définis et limités par les lois ecclésiastiques pour le bien de l'Eglise, les prêtres ont été associés, par Jésus-Christ, aux évêques, pour travailler avec eux et *sous leur autorité* à l'édification de son peuple. (Saint-Paul, Ephés. 4, 12.) C'est lui qui a établi les soixante-douze disciples, dont les prêtres sont les successeurs, comme les évêques sont les successeurs des apôtres. (Saint Luc, x, 1.) C'est au nom de Jésus-Christ et par son autorité qu'ils exercent leur ministère.

Dans l'administration du sacrement de pénitence, le prêtre agit par l'autorité de cette Eglise : « Que Notre Sei-
» gneur Jésus-Christ vous absolve, dit-il; et moi, par son
» autorité, je vous absous de vos péchés. »

C'est par la même autorité que le prêtre offre le sacrifice de la messe, qu'il bénit le peuple, qu'il le gouverne, qu'il prêche et qu'il baptise; l'évêque, en les ordonnant, reconnaît que c'est par l'institution de Jésus-Christ, *qu'ils sont docteurs de la foi et les coopérateurs de l'ordre épiscopal.* (*De Ord. presb.*) (1)

Si les pasteurs du second ordre pouvaient être arbitrairement révoqués par les évêques, ceux-ci pourraient renverser l'ordre établi par Jésus-Christ, et concentrer dans leur personne toute l'autorité que l'Eglise a partagée entre plusieurs ministres.

---

(1) Voyez l'ouvrage intitulé : *De l'Institution divine des Curés.*

Le principe d'inamovibilité s'est établi, par rapport aux curés, de la même manière que pour les évêques.

Lorsqu'on a formé les circonscriptions diocésaines, les évêques ont été attachés à perpétuité à leurs troupeaux, et la bulle même de leur institution exprime qu'ils lui sont unis par l'autorité de la sainte Eglise; ils n'en peuvent être dépossédés que par une sentence de dégradation rendue dans les formes canoniques.

De même à l'époque de l'érection des paroisses, les prêtres qui ont été affectés à leur service, ont été institués à perpétuité; la loi canonique considère l'union de ce prêtre à la paroisse comme un mariage spirituel, et elle ne pouvait rien dire de plus fort pour l'indissolubilité, puisque la religion catholique n'admet pas le divorce.

Ces prêtres privilégiés, attachés à un troupeau particulier, et ayant charge d'âmes, ont reçu le nom de curés, et ils ont de tout temps joui du privilége de l'inamovibilité.

Le concile de Clermont, en 1095, présidé par le pape Urbain II, établit comme un principe général qu'un titulaire doit rester *à perpétuité* dans l'Eglise à laquelle il a été nommé.

Dans le moyen âge, les évêques s'étant accoutumés à nommer, au lieu de curés, des vicaires amovibles à leur volonté; un grand nombre de conciles s'élevèrent contre cet abus. (Troisième concile général de Latran, en 1179; concile de Mayence en 1225, etc.)

Le concile de Trente lui-même (Sess. VII, chap. 7, *de Reform.*), ne permet aux évêques en cours de visite, de placer des vicaires provisoires que dans les Eglises qui manquent de pasteurs.

Mais aussitôt que l'institution définitive a eu lieu comme

dans l'espèce, le titre devient irrévocable de sa nature.

Le même concile leur recommande de pourvoir toutes les paroisses de vicaires *perpétuels*.

« *Qui solliciti providere debent, ut per idoneos vicarios etiam et* perpetuos. »

L'autorité civile, bien loin de contrarier sur ce point la loi canonique, est venue au contraire lui prêter son appui.

Louis XIV, par un édit donné à Versailles, le 29 janvier 1686, enregistré au parlement de Paris le 11 février, a voulu que les cures fussent desservies par des curés ou vicaires *perpétuels*, qui seront pourvus en titre d'office sans que l'on puisse y mettre à l'avenir des prêtres *amovibles sous quelque prétexte que ce puisse être*.

Ce sage édit est motivé « sur ce que la bonté de Dieu a » fait naître et élever le Roi dans le sein de l'Eglise catholique, apostolique et romaine, et sur ce que Sa Majesté est obligée d'employer son autorité pour faire que » les curés, qui ont soin de la conduite spirituelle de ses » sujets, soient dignes, par leurs mœurs et par leur doctrine, de s'acquitter d'un ministère si saint et si important. »

Ces considérations ont une toute autre force et une toute autre autorité que celle dont il a plu à monseigneur l'Evêque de Chartres d'appuyer son ordonnance épiscopale du 19 janvier 1823.

S'écartant de l'autorité de l'Eglise, de la tradition et de l'antique discipline, ce prélat avance qu'il importe à la gloire de Dieu, à l'honneur du saint ministère et à l'avantage des fidèles, que les fonctions curiales de la première paroisse de son diocèse, soient remplies par un salarié révocable, en qui ne réside pas même la plénitude des droits curiaux, et qui n'est qu'un délégué du Chapitre.

Le principe de l'inamovibilité des curés est resté un dogme inexpugnable jusqu'à la révolution.

L'article 24 de l'édit du mois d'avril 1695, sollicité par le clergé, défend aux évêques d'instituer des vicaires amovibles.

La déclaration donnée à Marly, le 15 janvier 1731, enregistrée au parlement le 16 février, porte :

« Art. 1er. Les vicaires perpétuels pourront prendre en » tous actes et en toutes occasions le titre et la qualité de » vicaires perpétuels de leurs paroisses, en laquelle qualité » ils seront reconnus tant dans leurdite paroisse que par- » tout ailleurs. »

C'était un point de doctrine incontestable dans notre ancien droit public ecclésiastique, et il serait superflu d'entasser à cet égard les autorités.

Voudrait-on maintenant prétendre que, depuis la loi organique du concordat, les curés ont perdu leur inamovibilité; mais d'abord un titre ecclésiastique, qui, d'après les lois canoniques, serait irrévocable, n'en subsisterait pas moins, parce que les lois civiles auraient, dans l'ordre naturel, permis d'en supprimer l'exercice, en changeant la circonscription paroissiale ou autrement.

Ensuite, l'innovation prétendue ne se rencontre pas dans le concordat de 1802, qui, par cela seul qu'il se tait à cet égard sur les curés, s'en réfère au droit antérieur.

Nous disons que la loi de 1802 se tait; mais, en y regardant de près, ce serait une erreur de le soutenir; car, d'après l'article 31 de cette loi, les desservans seuls sont révocables par l'évêque ; et pourquoi ? parce qu'on considère ces desservans comme de simples vicaires du curé cantonnal, qui seul aurait une véritable cure.

De bons esprits ont blâmé cette amovibilité des desservans, et ont même soutenu que, depuis le concordat de 1817 surtout, et malgré la clause *quamdiù nobis placuerit*, insérée dans leurs lettres, ce sont de véritables curés, et qu'ils doivent jouir comme tels de l'inamovibilité. (*Voy.* Carré, *du Gouvernement des paroisses*, N° 21 et la Note.) Mais nous n'avons pas besoin d'entrer dans cette controverse (1).

La paroisse de Notre-Dame de Chartres est une cure cantonnale; elle a été instituée en 1802, par une ordonnance de circonscription, d'une manière définitive, et toujours desservie par des curés, qui ont touché leurs traitemens en cette qualité. Ce n'est point et ce ne peut pas être une succursale, puisque c'est la première cure du diocèse.

Mais, dira-t-on, et c'est la seule difficulté à laquelle nous ayons à répondre, l'église de Notre-Dame est le siége de l'évêché; l'évêque est le premier curé du diocèse.

Telle paraît être, en effet, la doctrine que voulut faire prévaloir le chef de l'empire; il n'aimait pas les sinécures,

---

(1) Il y a plus; dans un mémoire pour l'abbé *Simil*, de Nismes, M. *Macarel* a soutenu qu'il y avait une distinction à faire à l'égard des desservans, et *que la loi de* 1802 n'avait pas dérogé aux anciens principes touchant les vicaires perpétuels, et qu'elle ne s'appliquait qu'aux desservans provisoires qui n'ont pas charge d'âmes. Cette opinion nous paraît fondée sur la saine interprétation de la loi. (Voyez *la France Catholique*, 24e liv., pag. 292.)

et ne voulait pas multiplier inutilement le nombre des fonctionnaires : et, par la raison qu'il voulait que les fonctions de sous-préfet fussent remplies au chef-lieu par le préfet, de même il entrait dans les vues de sa politique de forcer les évêques à remplir en personne les fonctions curiales dans les églises cathédrales et métropolitaines.

Telle est la raison que l'on peut donner de la réunion qui a été faite sous l'empire, de quelques-unes des cures des églises épiscopales et métropolitaines à l'évêché et à la métropole.

Nous trouvons dans le recueil des circulaires du ministère de l'intérieur, sous la date du 20 mai 1807, une lettre du ministre des cultes, ainsi conçue :

« Le ministre (M. Portalis) prévient les évêques que l'archevêque de Paris a réuni la cure de l'église métropolitaine au Chapitre, afin de faire cesser les inconvénients » et les discussions qu'entraînait l'existence d'une cure indépendante du corps du Chapitre. Le ministre invite » les évêques à suivre cet exemple, si les mêmes motifs » rendent l'adoption de cette mesure convenable dans » cette métropole. »

Ce qui s'est fait à Paris ne pourrait être cité comme exemple dans l'espèce, qu'autant que la réunion aurait eu lieu au préjudice et malgré l'opposition du titulaire ; ce qui n'a pas eu lieu.

Et, d'ailleurs, que peut une circulaire ministérielle contre des lois toujours subsistantes ? Si le gouvernement d'alors eût voulu fortement l'exécution de cette mesure, il avait l'initiative des lois ; que n'en proposait-il une au Corps-Législatif ? Que ne faisait-il même un décret ? Pour nous jurisconsultes, nous devons déclarer que la lettre précitée, qui même n'est point publiée officiellement, n'a le caractère ni d'une loi, ni d'un règlement d'administration publique. Ce n'est qu'un avis, une opinion, qui ne liait pas le gouvernement; ce n'est pas un acte législatif.

Thomassin, après l'indication de toutes les autorités qui consacrent l'inamovibilité, dit, au sujet des cures cathédrales (*Ancienne et nouvelle Discipline des Eglises*, tom. II, p. 106, n° 8). « Cette longue énumération de canons » contre les vicaires amovibles, n'aura pas été inutile, si » nous l'appliquons à tant d'églises cathédrales ou collé- » giales, qui commettent la cure de leur propre église, et » plusieurs autres églises de leur dépendance, à des vicaires » gagés, pour autant de temps qu'ils trouveront bon de part » et d'autre. Des canonistes conviennent que cela se peut » selon le droit; ils en auraient peut-être douté, s'ils » avaient bien examiné cette longue tradition que nous » venons de représenter. Mais au moins Fagnan ne doute » pas qu'il ne fût à souhaiter que le Pape fît un décret pour » faire établir des vicaires perpétuels dans toutes ces églises, » parce qu'il est avantageux à chaque église d'avoir son » propre pasteur, et comme son époux : nous négligeons » moins ce qui est à nous en particulier, que ce qui nous » est commun avec beaucoup d'autres. Les chanoines sont » souvent en différend entre eux pour la nomination des » vicaires, et ils les changent souvent avec trop de facilité; » ces vicaires mêmes, n'étant que mercenaires, ne s'affec- » tionnent pas au service de leur église, et ils la quittent dès » qu'ils rencontrent ailleurs de plus grands avantages; » ceux qui ont du mérite ne veulent pas accepter des vicai- » ries de cette nature, les paroissiens n'ont pas le même » respect pour des vicaires amovibles, qu'ils auraient pour

» des curés ou des vicaires perpétuels ; enfin, dans toutes
» les églises patriarcales ou collégiales de Rome qui ont
» charge d'âmes, il y a des vicaires perpétuels.

» Et comment peut-on dire que la pratique dont nous
» parlons, où les Chapitres en corps ont la cure, et l'exercent
» cent par des vicaires passagers, n'est pas contraire au
» droit, puisque le droit veut absolument que chaque
» église ait son propre époux et un pasteur unique.

» N° 9. Gratien rapporte le décret du concile de
» Reims : *Sicut in unâquaque ecclesiâ unus presbyter*
» *debet esse ; ità ipsa quæ sponsa vel uxor ejus dicitur,*
» *non potest dividi inter plures presbyteros ; sed unum*
» *tantùmmodo habebit sacerdotem, qui eam castè et*
» *sincerè regat.* Et le décret d'Innocent II : *Præcipimus*
» *ne conductitiis presbyteris ecclesiæ committantur,*
» *et una quæque ecclesia cui facultas suppetit, proprium*
» *habeat sacerdotem.*

» Dans les décrétales, n'ordonne-t-on pas que les chanoines
» noines qui ont des cures annexées à leurs prébendes, y
» mettront des vicaires perpétuels ? Le Pape Boniface VIII
» n'a-t-il pas enjoint aux moines, qui ont des églises paroissiales,
» roissiales, d'y faire instituer par l'Évêque des vicaires
» perpétuels ? Aussi le Concile de Trente s'est absolument
» déclaré pour les vicaires perpétuels, même dans les paroisses
» roisses qui sont unies aux églises cathédrales, collégiales,
» abbatiales, si les évêques ne jugent, pour quelque raison
» particulière, que le contraire doive être plus avantageux.
» *Nisi ipsis ordinariis pro bono ecclesiarum regimine*
» *aliter expedire videbitur.*

» Il faut donc supposer qu'il y a quelque raison particulière
» lière pour le bien de l'Eglise, qui oblige l'évêque de
» tolérer ces vicaires amovibles. Et c'est aussi dans ce cas

» qu'il faut prendre la résolution de la congrégation du » concile, que le Chapitre peut destituer ces vicaires à son » gré; mais l'évêque ne le peut que pour les mêmes causes » qui feraient destituer un vicaire perpétuel.

» Au reste, ce qui a été dit, ne regarde point les curés » réguliers, ni le pouvoir qu'ont les supérieurs de l'ordre » de les rappeler des cures qui leur ont été commises.

» On peut voir sur ce sujet la lettre 179ᵉ d'Etienne de » Tournai, et ce qui a été rapporté dans la Bibliothèque de » Prémontré (pages 285, 286, 287). Enfin, l'ordonnance » de Louis XIII, en 1629, art. 12, et la déclaration de » Louis XIV, en 1657, donnée sur les remontrances du cler- » gé, ne souffrent plus qu'on fasse desservir par d'autres que » par des vicaires perpétuels les cures unies aux abbayes ou » aux prieurés, aux églises cathédrales ou collégiales.

» Louis-le-Débonnaire a voulu qu'on établît dans chaque » paroisse un prêtre en titre pour la desservir, et a fait dé- » fense de mettre dans les églises des prêtres mercenaires et » par commission. Il a ordonné en outre que chaque église » aurait son prêtre particulier, lequel ne pourrait être » destitué que par le jugement *canonique* de l'Evêque. »

Lorsqu'il a été question dans les Chambres, à l'occasion d'une pétition, de la question d'inamovibilité, M. le marquis de Catelan s'est attaché à prouver que l'inamovibilité des pasteurs du second ordre est indispensable pour rétablir cette classe respectable de ministres des autels, dans leur ancienne dignité; qu'ils ont constamment joui de cette prérogative dès l'origine du christianisme; qu'elle est fondée sur les mêmes principes que celle des évêques (l'union du pasteur avec son troupeau); enfin, que l'idée de leur révocabilité n'a été imaginée, dans ces derniers temps, que par un homme qui songeait bien plus à maintenir sa puissance qu'à réédifier l'Eglise, et qui savait que le despotisme s'allie mal avec la perpétuité dans les emplois.

L'orateur attribue surtout à leur inamovibilité le grand bien que les curés ont opéré et les services qu'ils ont rendus, à la différence d'un curé qui n'est qu'en passant, et qui n'est pas perpétuel dans sa paroisse; qui est et que l'on sait être révocable à la volonté de son évêque ou d'un vicaire général. Il est impossible que ce curé y fasse le même bien que celui que l'on sait y être fixé pour toujours. Celui-ci parviendra à connaître les mauvaises habitudes et les vices de ses paroissiens; il dirigera ses instructions en conséquence : sachant qu'il doit vivre et mourir au milieu d'eux, il a un bien grand intérêt à obtenir leur considération, à les conduire dans la bonne voie.

On pourrait donner à ces considérations beaucoup d'autres développemens. Ce que nous venons de dire suffit pour démontrer combien la moindre atteinte à l'inamovibilité des curés serait contraire au bien de la Religion.

On ne voit pas pourquoi, dans une Église cathédrale, la paroisse ne pourrait pas exister séparément de l'évêché, et ce que cette existence peut avoir d'incompatible avec la dignité épiscopale.

L'évêque ne demeure-t-il pas le maître de régler le service des fontions curiales, l'heure des offices, etc., de la manière la plus convenable?

Puisqu'il faut qu'il y ait un curé, le bien de la Religion veut-il que l'on dépouille le titulaire inamovible, et que l'on attribue les fonctions à un intrus?

Pourquoi faire une question de personne de ce qui ne devrait être qu'une question religieuse et d'ordre public?

Si messieurs les évêques voulaient exercer par eux-mêmes les fonctions curiales dans leurs églises; si, comme dans la primitive Église, ils étaient les curés, les pasteurs immédiats de leur troupeau; si c'était l'accomplissement des humbles et pénibles devoirs de curé qu'ils ambitionnent; s'ils se souvenaient de ces belles paroles d'Origène, que celui qui est appelé à l'épiscopat n'est pas appelé à une principauté, mais à être le serviteur de toute l'Église, il serait juste qu'ils eussent la préférence sur tous les autres prêtres.

Mais les choses ne sont pas ainsi : nos évêques ne remplissent point par eux-mêmes les fonctions curiales. Ces hauts dignitaires se contentent d'inspecter le troupeau, et d'officier pontificalement dans les grandes fêtes; plusieurs remplissent des fonctions à la cour, et sont ainsi dispensés de l'obligation de résider, obligation prescrite si impérieusement par les conciles.

Dès qu'il est constant, comme dans l'espèce, que l'évêque n'exerce pas par lui-même les fonctions curiales, il est évident que l'on n'a pu en dépouiller M. Chasles pour en investir un corps ou un étranger. L'évêque, dit Carré (*du Gouvernement des paroisses*, n° 57), est le premier pasteur du diocèse, et de là il suit qu'il a la prévention sur les curés, et qu'il peut, quand il lui plaît, faire les fonctions curiales dans toutes les paroisses soumises à sa juridiction; mais il doit les faire par lui-même, et ne pourrait les déléguer à d'autres ecclésiastiques au préjudice du curé. La paroisse ne doit pas être séparée violemment de son pasteur. Le principe canonique de l'union subsiste dans toute sa force.

Nous ne parlons ici que des fonctions curiales. Quant au titre, on ne pourrait, sous aucun prétexte, le ravir à M. Chasles qui le conserverait indépendamment même de l'exercice de ces fonctions, que monseigneur l'Évêque se serait réservées pour lui-même.

Qu'est-ce que la réunion d'une cure à un Chapitre? qu'est-ce qu'un Chapitre qui est *seul curé*, et qui cependant n'en exerce les fonctions que par un délégué? quel est le caractère d'un délégué dont les fonctions sont révocables, lui en qui ne réside pas la plénitude du pouvoir curial, lui qui, au lieu d'exercer son ministère au nom de la sainte Église, ne pourra l'exercer qu'au nom de l'évêque, ou plutôt au nom du Chapitre?

Si jamais il y avait des assemblées synodales, les curés de canton, inamovibles pourraient-ils reconnaître ce salarié comme le premier curé du diocèse, ainsi que monseigneur de Latil le déclare par son ordonnance? Non, car il est de condition inférieure.

En 1664, le Chapitre de Chartres prétendit, contre l'évêque de cette ville, que la cure de l'église paroissiale de Saint-Saturnin avait été régulièrement réunie au Chapitre par une bulle du Pape Sixte IV, du 4 novembre 1475. Le prêtre pourvu de cette cure appela comme d'abus au parlement contre le Chapitre qui prétendait qu'un prêtre était révocable à sa volonté; et, dans cette circonstance, le curé fut soutenu dans son appel par l'évêque. M. l'avocat-général Talon, qui portait la parole dans cette affaire, et dont le plaidoyer nous a été conservé, soutint, avec une grande force de logique et de doctrine, que la bulle d'union était abusive.

« Les cures, disait ce magistrat, sont des bénéfices d'une » fonction trop éminente et trop nécessaire pour les unir » à d'autres bénéfices d'une dignité inférieure et moins » utile dans la hiérarchie. Nous ne voyons, dans le droit » canon, aucune union de cures à des prébendes ni à des » canonicats. »

C'est donc avec raison que le consultant a repoussé la

qualification de *chanoine curé*, et qu'il a refusé d'assister aux assemblées capitulaires, tant que les droits de la cure ne seraient pas déterminés d'une manière invariable.

« Les évêques du concile de Trente (poursuit M. l'Avocat-général) trouvèrent l'union des cures si peu *canonique*, que dans la session 24, chap. 13 (*de Reform.*), » ils défendirent d'unir aux églises *canoniales* des bénéfices » *cures*; disposition si sainte, que les États de Blois l'ayant » embrassée, l'ordonnance, dans les articles 22 et 23, » permit aux évêques, quand les cathédrales ou collégiales » n'ont pas un revenu assez considérable pour soutenir la » dignité épiscopale, de procéder à l'augmentation, soit » par union de bénéfices simples ou par réduction de pré- » bendes. Elle se donne bien de garde de dire par union des » *cures*, sachant qu'elles sont d'une institution trop noble » et d'une dignité trop élevée pour être en cela confondues » avec une fonction médiocre, telle qu'est celle des pré- » bendes. »

Aujourd'hui ce motif de réunion n'existerait plus, même à l'égard des prébendes, puisque les évêques, pour soutenir leur dignité, reçoivent du trésor un traitement très-élevé.

« Les cures, dit M. l'Avocat-Général, sont comme ces » métaux précieux qui ne souffrent point l'alliage d'aucun » qui soit d'un plus bas aloi. »

Et ceci s'applique aux Chapitres comme aux prébendes.

« C'est pourquoi, dans les Mémoires donnés lors de ces » États, nous lisons qu'on avait proposé de révoquer abso- » lument toutes les unions des cures, étant plus utile d'o- » bliger les évêques de fournir des portions congrues, » que de souffrir ces remèdes *extraordinaires*.

« Le dernier abus de cette bulle (comme de l'ordonnance

» épiscopale de l'évêque de Chartres), est que le Pape per-
» met au Chapitre de mettre en l'église Saint-Saturnin des
» vicaires destituables et amovibles *ad nutum.* Cette faculté
» de destituer des curés qui doivent être perpétuels, est
» tellement éloignée de l'intention et de la disposition des
» canons, qu'ils ont perpétuellement repoussé les prêtres à
» gages comme préjudiciables à l'Église et à la conduite
» des âmes des fidèles.

» A l'Église, parce que les Chapitres, d'un côté, consi-
» dérant les cures unies à leur mense comme un revenu
» temporel donné pour l'augmentation de leurs prébendes,
» négligent le soin des âmes et l'administration des sacre-
» mens. D'autre côté, les ecclésiastiques qui ont de la
» science et du mérite, ne voulant point s'engager dans
» ces vicariats amovibles, qui n'ont aucun établissement
» solide et certain, les Chapitres sont contraints d'y nom-
» mer des prêtres ignorans dans leur ministère, négligens
» dans leurs devoirs, lâches dans la correction des mœurs, et
» intéressés dans l'administration des sacremens. D'ailleurs
» tant les chanoines qui préposent que le vicaire préposé
» s'exposent au scandale de la simonie; les chanoines,
» affermant le service de l'Église au plus offrant et der-
» nier enchérisseur, et le vicaire qui en donne un grand
» prix, vendant bien cher, pour se récompenser, l'admi-
» nistration des sacremens.

» Elle (la liberté de destituer) est préjudiciable à la
» conduite des âmes, parce que les fidèles qui voient les
» prêtres mercenaires et destituables, n'ont aucune affec-
» tion pour leur personne, aucun respect pour leur carac-
» tère, ni aucune confiance dans leurs conseils. »

Sur ces conclusions, le parlement de Paris, par arrêt du

24 mars 1664, a déclaré qu'il y avait abus dans la réunion de la cure de Saint-Saturnin au Chapitre de Chartres.

Monseigneur de Latil, en faisant la même réunion, a donc violé les principes consacrés par cet arrêt, et dévoloppés par M. l'Avocat-Général.

Mais, quand il serait possible d'admettre, contre toutes les règles canoniques et au mépris des lois du royaume, que la cure de la paroisse Notre-Dame a pu, par le concours de l'autorité spirituelle et temporelle, être réunie au Chapitre, nous soutenons que cela n'aurait pu avoir lieu légalement du vivant et au préjudice du titulaire canoniquement institué. C'est la disposition du concile de Trente. Sess. 21, *de Reform.* ch. 5. *Sine tamen prejudicio obtinentium.*

Il avait un droit acquis antérieurement à l'érection de l'évêché et du Chapitre : son institution a été faite à perpétuité et définitivement ; elle est de droit divin aussi bien que celle de monseigneur l'Evêque lui-même. « Un curé, dit Carré (n° 60), ne peut jamais être révoqué par l'évêque ou par toute autre autorité, soit ecclésiastique, soit civile. »

M. Chasles a été attaché à sa paroisse par un lien indissoluble, et n'en saurait être séparé.

Qu'on dispose à sa mort de la cure, qu'on la donne à un ecclésiastique amovible à la volonté de l'évêque, la Religion pourra y perdre, mais aucuns droits ne seront lésés.

Partout où les évêchés ont été rétablis à l'époque du concordat, on a rejeté le principe de l'amovibilité ; les curés des églises cathédrales ou métropolitaines ont été maintenus dans le bénéfice de leur institution.

Il est même à présumer que, lorsque l'ordonnance du 19 janvier a été soumise à l'approbation ministérielle, les droits du curé titulaire ont été tacitement réservés; les ordonnances de nos rois portent toujours la clause expresse ou *sous-entendue : Sauf en autres choses notre droit et l'autrui en toutes.*

Monseigneur de Latil lui-même le comprenait ainsi, puisque, par sa lettre du 30 septembre 1823, écrite postérieurement à la décision royale, il écrivait :

« En vous assurant, la dernière fois que je vous vis, » que je n'avais pas l'intention de vous retirer le titre de » curé, quoique j'en eusse le droit (c'est ce que nous venons » d'examiner), je désirais dissiper vos *injustes* inquiétudes; vous en eussiez été convaincu si vous eussiez pris » la peine d'écouter M. *Verguin*, et alors vous ne vous » seriez pas permis d'écrire à S. Exc. le Ministre de l'intérieur qu'il vous avait été dit, comme de ma part, que » sa volonté était qu'en vertu de l'ordonnance du Roi, le » curé actuel *perdît son titre, ipso facto.*

» *Cette* FAUSSETÉ, *que j'aime mieux attribuer*, etc. »

Ainsi, monseigneur l'Évêque de Chartres se défendait, comme d'une calomnie, de l'intention qu'il a réalisée plus tard, de priver le consultant, non-seulement de sa cure, mais de son titre; et le motif de son mécontentement était fondé sur les plaintes que M. le Curé adressait à cet égard au Ministre de l'intérieur, d'où l'on peut induire qu'en effet Son Excellence aurait reconnu que cette destitution était contraire aux intentions de Sa Majesté, de qui M. Chasles tenait aussi sa nomination.

Quoi qu'il en soit, et d'après les principes de la matière, aucune union ne peut avoir lieu au préjudice de droits acquis et d'une institution canonique; M. Chasles doit, comme tous les autres curés des églises cathédrales et métropolitaines, jouir, pendant sa vie, de l'exercice de ses droits.

Monseigneur l'Évêque de Chartres a poussé l'abus jusqu'à enlever au consultant son titre de curé, et en cela il nous paraît encore avoir violé les principes.

Les ecclésiastiques institués canoniquement possèdent un titre indélébile; et de même que les évêques français, dépossédés par la loi de 1790 ou par le concordat de 1801, ont continué de jouir de leur titre, de même les curés, même alors que par suite d'un changement de circonscription, par démission ou autrement, ils en cesseraient les fonctions, ne peuvent pas perdre leur état aux yeux du monde et de l'Église.

La privation du titre ne pourrait être (selon Carré, ouvrage cité, n° 60), que le résultat d'une condamnation à une peine infamante prononcée par les tribunaux, ou de censures ecclésiastiques auxquelles les sacrés canons auraient attaché cet effet.

La sentence d'interdit a-t-elle ce caractère; a-t-elle dû priver le consultant de ses droits, soit à l'exercice, soit au titre curial? C'est l'objet de l'examen du paragraphe suivant.

§ 3. *Il y a abus en ce que la sentence d'interdit a été fulminée contre les formes et les lois canoniques.*

Tel est l'esprit du gouvernement de l'Eglise, que rien n'y est laissé à l'arbitraire; que tout y est réglé par des formes que l'évêque ne peut violer, qu'il est, au contraire, obligé de faire respecter bien plus encore par son exemple que par son autorité.

Jésus-Christ a prescrit celles qui doivent être observées dans les jugemens de simples particuliers, à plus forte raison doivent-elles l'être dans ceux des ministres des autels. Saint

Paul déclare à son disciple Timothée qu'il faut que tout jugement soit précédé d'une information régulière : les saints canons s'accordent tous sur ce point. Ce jugement, dit un célèbre canoniste (le P. Thomassin), ne doit jamais porter un caractère de caprice, de volonté particulière; ce doit être un *jugement* et non un *commandement.*

Le judicieux Fleury observe « que les prêtres étaient » le sénat de l'Eglise et le conseil de l'évêque; tout, dans » l'Eglise, se faisait par conseil, parce qu'on ne cher- » chait qu'à y faire régner la raison, la règle, la volonté » de Dieu (Deuxième Discours, n° 5). ».

L'arbitraire doit être banni surtout des jugemens. N'est-ce pas à l'Eglise que nous devons le bienfait de la procédure criminelle et civile, qui a fait place parmi nous à la procédure des cours féodales?

Les règles qu'elle a établies pour juger les ministres, condamnent formellement les interdits arbitraires, qui sont réprouvés par les maximes de Jésus-Christ.

Saint-Cyprien déclare à son clergé qu'il ne peut juger seul deux *sous*-diacres et un acolyte, et que cette affaire doit être examinée avec ses collègues. (Fleury, Hist. II, liv. 6, n° 46.)

Le fameux concile œcuménique de Nicée, en parlant des prêtres ordonnés au mépris des règles, veut qu'on ne procède contre eux que suivant les *formes* établies par l'Eglise. (Canons 9 et 10, t. 41, Conc. 41.)

Le concile de Sardique (quatrième siècle) s'explique clairement sur ces formes.

« Si un évêque, emporté par sa passion, entreprend » d'expulser précipitamment de l'Eglise un *prêtre* ou un » diacre, il faut laisser à celui-ci la voie du recours aux

» évêques de la province pour faire examiner sa cause » avec maturité. (Tom. I, col. 657.)

Le premier concile de Carthage (an 347) ordonne qu'une sentence de *déposition* ne soit prononcée qu'en présence de six prélats, lorsqu'il s'agira d'un prêtre, ce qui n'empêche pas le recours au concile ou au synode de la province. (Carth. 1, can. 2, *ibid.* tom. 1, col. 717.)

L'accusation contre un évêque, dit le troisième concile de Carthage, de l'an 397, doit être portée au primat de la province; la même forme et le même délai s'observent pour le jugement d'un *prêtre* ou d'un diacre accusé; mais c'est leur évêque qui les juge avec les évêques ses voisins : il doit en appeler cinq pour un prêtre, et deux pour un diacre. (*Ibid.* Fleury, chap. 78.)

Ce serait un travail infini de rapporter toutes les lois de l'Eglise à ce sujet; il n'en est aucune qui autorise les interdits arbitraires, devenus si fréquens de nos jours, et les flatteurs de la domination épiscopale n'en sauraient alléguer aucune. Les évêques, comme inspecteurs de leurs diocèses, ont sans doute le droit d'avertir, de reprendre et de réprimander les prêtres qui sont sous leurs ordres, parce qu'il ne s'agit là que de *discipline intérieure.*

Mais de les interdire à perpétuité, de les dégrader publiquement, sans en donner aucun motif, voilà ce que ne tolère pas la discipline de l'Eglise, et ce que défendent expressément les saints canons !

Quoi! le dernier des citoyens ne peut être soumis à la moindre amende, à la moindre prestation pécuniaire, sans qu'il soit déclaré par un jugement public, après enquête et audition de témoins, après qu'il a été entendu, qu'il a contrevenu à la loi; et un prêtre, un curé, trouvé digne d'exercer le saint ministère, d'annoncer la parole de Dieu, de célébrer le sacrifice de la messe, d'ouvrir et de fermer la porte des cieux, un ministre des autels pourra être dégradé de son caractère sans avoir été mandé ni entendu!

L'évêque pourra, en le suspendant à perpétuité de ses fonctions de prêtre, le réduire à la communion laïque, lui ôter son état et jusqu'à ses moyens d'existence!

Quelle sera donc la misérable condition des pasteurs du second ordre, et quel sera le père qui permettra désormais à son fils de se vouer au service de l'Eglise, et de s'exposer à se voir condamné sans motifs à l'inaction, à l'ignominie et à l'indigence! Il n'y aura que des âmes basses, serviles et propres à rendre la Religion méprisable, qui pourront entrer dans l'état ecclésiastique.

Dans l'espèce, le consultant a été révoqué de ses fonctions de curé, et il en perd le traitement; vainement prétend-on lui offrir celui de chanoine.

Il n'est chanoine qu'en vertu de son titre curial, et par conséquent non rétribué.

Quant au canonicat dont parle l'ordonnance du 3 décembre, M. Chasles a refusé formellement cette dignité, qui lui était conférée par l'acte même de sa dégradation.

Si donc il n'avait par lui-même des moyens d'existence, il pourrait, dans un âge avancé, se trouver au dépourvu; fût-il jeune encore, irait-il labourer la terre, exercer un art mécanique ou se livrer au négoce pour avoir du pain?

Dans le monde, celui qui est exclu d'une profession peut en embrasser une autre; un prêtre, qui a consacré sa jeunesse à l'étude de la science ecclésiastique, qui a été séparé du monde par sa vocation au sacerdoce, qui n'a jamais songé à s'y établir, qui n'est propre à aucun de ses emplois, qui est étranger par la sainteté de son caractère aux espérances et aux prétentions du siècle, qui a cru pouvoir servir Dieu et ses frères sans s'occuper du soin du temporel, et trouver dans le sanctuaire un asile contre les nécessités de la vie; un prêtre qui, exerçant des fonctions redoutables aux anges mêmes, devrait être environné d'honneurs et sans sollicitude pour les besoins du corps, se verrait tout à coup, par le caprice de son supérieur, et sans forme de procès, réduit à vivre déshonoré et à mourir de faim!

Et c'est au nom de la Religion qu'on voudrait soutenir une telle doctrine! ce serait au nom de Jésus-Christ et de la sainte Eglise, qu'on irait établir un principe si pernicieux, attentatoire à l'honneur et à l'existence des pasteurs du second ordre!

Dans l'espèce, qu'est-ce que l'ordonnance épiscopale du 5 décembre 1823? C'est un interdit perpétuel, c'est une dégradation réelle et morale, qu'un prêtre qui se respecte et qui respecte en lui les droits de son ordre, ne doit pas tolérer.

On lui interdit le droit d'entendre les confessions, c'est-à-dire, que ne pouvant lui enlever la confiance de son troupeau, on l'en sépare violemment.

On lui interdit le droit d'annoncer la parole de Dieu, pouvoir qu'il tenait, non de monseigneur l'Evêque, mais de la sainte Eglise et de son institution canonique.

Quelle est la cause de cette interdiction? On n'en donne pas d'autre que le refus de M. Chasles de renoncer à l'inamovibilité de son titre.

La correspondance entre lui et son évêque ne laisse aucun doute à cet égard.

Quand même il se serait trompé sur ce point, la manière respectueuse avec laquelle il a constamment répondu à son supérieur, ne permettait pas de lui faire un grief de sa résistance.

Mais que sera-ce si, comme nous l'avons démontré, M. Chasles était fondé dans cette résistance, si c'est l'évêque et non pas lui qui a violé les règles de la discipline, les saints canons, et le droit public du royaume?

Celui à qui l'on doit une réparation peut-il être frappé d'interdit, par cela même ?

Au fond, la sentence d'interdit est évidemment abusive et mal fondée.

En la forme, elle est d'une irrégularité vraiment choquante.

Elle est rendue à Paris, c'est-à-dire hors de la résidence légale de l'évêque, hors du siége de sa juridiction; c'est comme si un juge rendait un jugement hors de son tribunal.

Monseigneur l'Evêque n'a pris conseil que de lui-même, et il a violé la règle fondamentale de l'Eglise, où tout doit se faire par conseil. Il a agi par voie de commandement, et non par voie de justice.

M. Chasles n'a été ni appelé ni entendu; il n'est donc pas légalement jugé. L'interdit est donc radicalement nul et contraire aux canons.

Lorsque les évêques imposent, dit M. de *Cormenin*, maître des requêtes au Conseil-d'état (Questions de droit administratif, v°. appel comme d'abus, page 2), lorsque les évêques imposent les simples corrections de discipline intérieure, ils doivent se renfermer dans de certaines limites; mais lorsqu'ils prononcent des censures qui sont de véritables peines flétrissantes définies par la loi canonique, leurs sentences sont assujéties à des règles et des formalités dont l'inobservation entraîne la nullité des censures.

Il faut :

1°. Que la censure ait été prononcée pour un fait défendu par les lois canoniques ;

2°. Qu'il y ait eu citation libellée ;

3°. Que l'accusé ait eu la faculté de se défendre ;

4°. Que le délit soit prouvé juridiquement.

Monseigneur l'Evêque de Chartres a violé toutes ces garanties ; la sentence d'interdit est donc frappée d'une nullité que rien ne peut couvrir ; elle ne peut produire aucun effet.

Il serait superflu de s'arrêter à quelques irrégularités de détail, et au peu de conformité de la sentence d'interdit avec l'ordonnance royale du 9 juillet 1823, avec les promesses faites par monseigneur l'Evêque, dans sa correspondance.

Il serait superflu aussi d'insister sur l'espèce de surprise qu'on a tentée dans l'affaire du mandat.

Nous ne devons répondre que sur le droit, laissant aux magistrats qui doivent en connaître, à apprécier d'ailleurs les procédés respectifs.

Au reste, et quand même (ce qui n'est pas) le consultant eût touché un mandat sous la qualification de chanoine, il n'en serait pas moins fondé à se pourvoir pour cause d'abus.

L'action appartient à la partie lésée tant qu'elle n'y a pas formellement renoncé, et ici, bien loin que le consultant ait fait aucun acte de renonciation, on voit qu'il a toujours prétendu défendre son titre inamovible.

On paraît aussi vouloir lui opposer qu'il a connu les ordonnances qu'il attaque, parce qu'elles auraient été lues dans une assemblée capitulaire ; et, à cet égard, monseigneur l'Evêque de Chartres a été jusqu'à dire, que les actes de l'autorité spirituelle sont obligatoires, dès qu'ils sont connus.

Il y a ici une équivoque qu'il faut signaler; sans doute ces actes sont obligatoires, sauf l'appel devant l'autorité compétente, aussitôt qu'ils sont connus de celui qu'ils concernent, c'est-à dire dès qu'ils sont légalement notifiés.

Or, en fait, la connaissance que M. Chasles avait eue le 31 octobre, des ordonnances des 19 janvier et 9 juillet 1823, n'est devenue officielle, par la lettre de Monseigneur, que le 4 décembre; et prétendre que ces actes fussent obligatoires pour M. Chasles, du moment qu'ils ont été lus dans une assemblée capitulaire, dont la lettre de convocation n'indiquait pas l'objet, quand il est constant qu'il n'y assistait pas, c'est une allégation à l'appui de laquelle on ne rapporte aucune autorité, et qui est repoussée par les simples lumières de la raison et de la justice; et certes les actes de l'autorité spirituelle ne peuvent être placés dans aucune classe exceptionnelle.

Au reste, qu'importe cette discussion? Voudrait-on se faire de cette lecture un moyen de déchéance contre le consultant?

Mais il n'y aurait qu'une exécution volontaire qui aurait cet effet; or l'exécution s'est faite contre les protestations de M. Chasles; il s'est soumis, comme contraint et forcé et en vertu du principe que l'appel comme d'abus n'est pas suspensif.

Ainsi cette objection doit être écartée.

Le consultant s'est pourvu devant le métropolitain; cette démarche était régulière et canonique quant à l'interdit qui est d'ordre spirituel; mais ce recours a été inefficace; et par sa lettre du 16 janvier 1824, monseigneur l'Archevêque de Paris, non-seulement a refusé de statuer sur ce recours, mais encore s'est rendu propres les actes abusifs émanés de son suffragant; et, de plus, par le blâme dont il cherche à frapper la conduite de M. Chasles, il a commis lui-même la contravention aux dispositions de l'article 6 de la loi du 18 germinal an X; les soussignés sont d'avis que M. Chasles serait fondé à se pourvoir comme d'abus contre cette lettre, quoiqu'elle ne soit pas en forme de décision, parce qu'aux termes des lois le pourvoi comme d'abus compète à toute partie intéressée, non pas seulement contre les actes de juridiction des supérieurs ecclésiastiques, mais contre tous les *actes quelconques*, même les discours et paroles; et cette disposition est fondée sur ce qu'un fonctionnaire ecclésiastique porte partout son caractère sacré, et qu'à raison de la nature même de ce caractère, il doit s'observer plus que tout autre, et surtout éviter de jamais blâmer le recours à l'autorité civile et à l'autorité des lois.

Sans entrer, quant à présent, dans la discussion approfondie de la doctrine professée par monseigneur le Métropolitain, il est cependant un point que l'on ne peut laisser sans réponse : ce prélat veut établir une distinction fondamentale, entre le *titre du Curé d'une Eglise* DEVENUE *cathédrale, et celui des autres Curés dont les paroisses n'ont reçu canoniquement aucune nouvelle destination.*

Si l'église de Notre-Dame, par l'érection d'un nouvel évêché, est devenue cathédrale, on ne voit pas que la paroisse de Notre-Dame, qui forme la cure du canton nord de Chartres, ait reçu une nouvelle destination; elle a continué de subsister telle qu'elle a été érigée en 1803; et, *canoniquement* parlant, il n'a pu se faire aucune innovation préjudiciable aux droits du pasteur institué à titre perpétuel et irrévocable.

La différence qu'on veut établir entre la position de M. Chasles et celle des autres curés de canton, manque donc de base légale ; on ne saurait concevoir de différence entre l'état du curé du canton nord et celui du canton sud. Pour la justifier, on ne peut s'autoriser du bien de l'Eglise, ni produire aucune autorité puisée dans les canons et dans le droit public de France. Il en faudrait cependant alléguer, pour motiver l'opinion émise à ce sujet par monseigneur le Métropolitain.

Sous un autre rapport, on est affligé de voir que ce prélat adresse d'aussi vifs reproches à M. Chasles, qui pourtant n'a fait autre chose que défendre son titre et les droits de sa paroisse, qui l'a fait avec modération, et qui n'a pu causer de scandale en recourant à l'autorité civile.

Au reste, dans les griefs du consultant, il en est plusieurs (ce sont les premiers cas d'abus), qui ne peuvent être jugés que par cette autorité, parce qu'il y entre des intérêts temporels.

A cet égard, nous observons que, bien que l'ordonnance épiscopale du 10 janvier 1823, ait été revêtue de l'approbation royale, le recours pour cause d'abus n'en est pas moins ouvert, parce qu'il est de principe incontestable en matière administrative, que toute décision royale de propre mouvement prise en l'absence de l'une des parties intéressées, peut être frappée d'opposition, et, en second lieu, parce que cette ordonnance est évidemment surprise à la religion de S. M., puisqu'elle est en opposition avec les principes du droit public consacré par les ordonnances générales du royaume, auxquelles S. M. ne peut être présumée avoir voulu déroger dans un cas particulier et par forme de rescrit.

Il en serait de même dans le cas où l'ordonnance épiscopale du 8 novembre 1821, aurait été soumise à l'approbation de l'autorité temporelle supérieure.

Il est de toute évidence que S. M. ne veut et ne peut pas renoncer à la plus belle prérogative de sa couronne, et tolérer l'acte d'un dignitaire ecclésiastique qui agit en vertu d'une bulle de la cour de Rome, non vérifiée ni enregistrée dans le royaume, et formellement exclue par le Roi

Au surplus, si les détails consignés dans le Mémoire à consulter sont exacts, la religion de S. Exc. le Ministre de l'intérieur aurait elle-même été surprise; son intention n'était pas que l'ordonnance fût exécutée au préjudice de M. Chasles, ainsi qu'on l'a déjà expliqué plus haut, d'après la lettre de Monseigneur, du 30 septembre 1823.

Ainsi rien ne s'oppose à ce que justice soit rendue à M. Chasles par l'autorité civile.

Délibéré à Paris, ce 10 mars 1824. ISAMBERT.

(Ont signé) MM. Berryer, père, Lavaux père, Delagrange, Persil, Gautier-Biauzat, Coffinières, Parquin, Legouix, Mérilhou, Fouet de Conflans, Mauguin, Decrusy, Odillon-Barrot, Berville, Lavaux fils, Barthe, Macarel, Renouard.

N° 6. — CONSULTATION DE M. DUPIN Jeune.

Le Conseil soussigné,

Qui a lu avec une religieuse attention le Mémoire à consulter présenté par M. Chasles, curé de l'église Notre-Dame de Chartres, et la Consultation délibérée en sa faveur le 10 mars 1824;

Après en avoir délibéré lui-même, avec le soin que commandent l'intérêt des libertés de l'Église gallicane et le maintien de la discipline ecclésiastique dans toute sa pureté,

Estime qu'il y a eu, de la part de monseigneur l'Evêque de Chartres, abus aux *trois chefs*, qui sont savamment développés dans la Consultation précitée, mais surtout au *deuxième :* — Et comme ce dernier chef, outre qu'il est le plus important et le plus grave, porte plus directement atteinte aux droits du Consultant, le soussigné croît devoir ajouter aux moyens de défense, présentés dans la Consultation, les considérations suivantes, non-seulement parce qu'elles sont la base principale de son opinion personnelle, mais encore parce qu'elles peuvent prévenir ou réfuter des objections propres à donner le change sur la question à résoudre.

Quelques esprits inattentifs ou étrangers aux matières de droit ecclésiastique, pourraient croire que l'église de Notre-Dame de Chartres, étant devenue *cathédrale* par l'érection du nouvel évêché, a cessé d'être *paroissiale :* en d'autres termes, que cette église étant seule pour l'*évêché* et pour la *paroisse*, la *paroisse* a disparu et se trouve effacée par l'*évêché ;* qu'ainsi l'évêque a pu conférer le titre curial, soit à son chapitre en corps, soit à tout autre délégué en particulier.

Il importe de repousser cette erreur ; car la thèse à prouver étant que l'on n'a pu, par une destitution arbitraire, enlever à M. Chasles sa qualité de *curé* de la paroisse de Notre-Dame, la première chose à faire est d'établir que la *paroisse* subsiste encore.

Ainsi deux questions se présentent, savoir :

1°. *En fait*, la paroisse de Notre-Dame subsiste-t-elle encore, ou bien l'église a-t-elle cessé d'être paroissiale?

2°. *En droit*, le curé a-t-il pu être destitué, soit par le fait d'une réunion qui aurait conféré son titre au chapitre, soit par un interdit illimité lancé contre lui?

Sur la PREMIÈRE QUESTION :

Il faut bien se garder de croire que l'existence de l'*évêché* et celle du *chapitre* soient incompatibles avec l'existence de la *paroisse* dans *l'église cathédrale*.

Le savant abbé de Fleury, dont les doctrines sont toujours si exactes, et dont l'autorité est si imposante en ces matières, nous dit textuellement qu'*il y a des paroisses en plusieurs cathédrales*; et son annotateur en cite plusieurs exemples. (Voyez *Institutions au Droit ecclésiastique*, t. I, p. 182.)

L'érection de l'évêché et la création du chapitre n'ont point détruit, *ipso facto*, dans l'église de Chartres, la paroisse et l'autorité curiale. L'existence simultanée de ces diverses autorités spirituelles dans la même église, n'a rien qui ne soit conforme aux usages pratiqués et aux principes reçus dans tous les temps.

C'est d'ailleurs une maxime constante que tous les changemens, toutes les unions et érections nouvelles sont censés avoir lieu *ut servitium divinum augeatur, non autem ut diminuatur*. Ainsi l'église de Chartres n'a dû qu'acquérir en passant à un nouvel état de choses; elle n'a dû décheoir en aucun point. Elle est devenue *cathédrale*, puisque le siége du premier pasteur a été placé dans son sein, *quia penes ipsa est* CATHEDRA *Prelati*; mais sa splendeur nouvelle n'a dû lui coûter aucune de ses anciennes prérogatives. En se décorant d'un titre plus éminent, elle n'a point perdu son premier titre. Elle est restée *paroissiale*. Aucun acte ne lui a enlevé ce caractère.

Le nouvel évêque l'a reconnu lui-même. En prenant possession de son siége, il n'a point considéré la cure comme vacante ou supprimée. Le curé de Notre-Dame a conservé sa possession et continué ses fonctions; on ne lui a contesté ni son titre, ni ses droits.

Il est vrai que bientôt après Monseigneur, préludant à la destitution de ce ministre du Seigneur, par le démembrement partiel de toutes les prérogatives attachées à sa qualité, l'exclut du chœur et le relégua à un autel secondaire; qu'il le dépouilla des riches ornemens destinés aux grandes solennités du culte; qu'il empêcha les orgues de mêler leur pieuse harmonie à la célébration de la messe paroissiale; qu'il voulut que les fidèles fussent appelés aux offices de leur pasteur par le simple murmure des cloches du second ordre, et qu'il dota son chapitre de toutes les dépouilles ainsi successivement enlevées au curé de la paroisse.

Assurément, nous sommes loin de vouloir nous ériger en juges de ces divers actes et de leur convenance. Nous n'examinerons donc point s'ils sont propres à accroître la majesté du service divin, et à rehausser la dignité du sacerdoce, *ut servitium divinum augeatur, non autem ut diminuatur*. Ils étaient de la compétence de l'Évêque; cela suffit, Sa Grandeur a pu les vouloir; le curé a dû les subir et les a subis avec résignation, quelque amertume qu'il en ait ressentie au fond du cœur; nous devons, nous-mêmes, nous interdire tout jugement téméraire à cet égard.

Mais, en les acceptant comme un *fait*, nous disons que ce fait est une reconnaissance positive de l'existence de la paroisse et de celle du curé. En effet, tout en réservant pour le chapitre, le choeur, les orgues, les ornemens les plus riches, et les cloches les plus sonores, donner une simple chapelle au curé, lui laisser au moins les ornemens les plus modestes, etc., c'était toujours laisser celui-ci dans l'église à côté du chapitre; c'était reconnaître sa qualité de *curé;* c'était reconnaître l'existence de la *paroisse.*

Au surplus, il y a quelque chose de plus positif; dans l'ordonnance rendue par monseigneur l'Évêque de Chartres, le 19 janvier 1823, ce prélat dit formellement ce qui ne résulte que d'une manière implicite des faits que nous venons de signaler.

En effet, le préambule de cette ordonnance est ainsi conçu : « Considérant combien il importe à la gloire de » Dieu, à l'honneur du saint ministère, et à l'avantage des » fidèles, de *resserrer de plus en plus l'union* si dési» rable entre le *chapitre* et la *paroisse* de notre cathé» drale. »

Monseigneur proclamait donc lui-même qu'il y avait dans sa cathédrale et *chapitre* et *paroisse.* Il ne lui semblait, pas plus qu'à nous, que l'un fût exclusif de l'autre.

Mais a-t-il voulu qu'il en fût autrement pour l'avenir? Son intention a-t-elle été de ne laisser subsister que le chapitre et de supprimer la paroisse? — Nullement.

1°. Il n'en aurait pas eu le *droit.* — Car aucune circonscription nouvelle, ou interversion des circonscriptions anciennes, ne peuvent avoir lieu qu'avec le concours des pouvoirs ecclésiastique et temporel, dans les formes canoniques et législatives usitées en pareil cas. Et de plus, comme le disait M. l'avocat-général Bignon, portant la parole dans une affaire de cette nature : pour opérer ces sortes de réunions, toujours défavorables puisqu'elles tendent à éteindre et supprimer un titre, il faut nécessairement le concours du curé, *seul légitime contradicteur* en ces questions. (*V.* Journal du Palais, tome 1, p. 960, t. II, p. 855.)

2°. Il n'en avait pas *l'intention.* — Car il dit positivement que son vœu est de *resserrer l'union* entre le *chapitre* et la *paroisse.*

Or, qu'est-ce que resserrer l'union entre deux autorités? c'est conserver l'une et l'autre, et créer entre elles des liens plus intimes, des rapports plus faciles, de nouvelles causes de bienveillance et de rapprochement.

Mais substituer l'une à l'autre, serait *détruire* et non pas *unir.*

Lors donc que monseigneur l'Evêque de Chartres a dit qu'il voulait simplement *resserrer l'union* entre le *chapitre* et la *paroisse*, il a, par là même, exprimé la volonté de maintenir la *paroisse* et le *chapitre.*

Ainsi, la PAROISSE a continué de subsister; elle est demeurée *distincte du chapitre.*

Ce point une fois établi, la question de droit se dégage de toute équivoque, et de tous les accessoires dont on voudrait la compliquer pour l'obscurcir. Elle se réduit désormais à ces termes bien simples : — La paroisse étant maintenue, les fonctions de curé titulaire ont-elles pu être transportées, soit à un chapitre collectif, soit à un vicaire ou délégué révocable? Le curé titulaire a-t-il pu être frappé d'un interdit illimité, pour avoir résisté à cette réunion qui blessait son droit et altérait la nature de son titre?

Sur cette SECONDE QUESTION, la négative ne saurait être douteuse.

1°. C'est un des principes les plus anciens et les plus incontestables de notre droit ecclésiastique, que les curés sont inamovibles, que leur titre est perpétuel et irrévocable, et qu'ils ne peuvent en être privés que par suite d'une condamnation à une peine infamante ou de censures ecclésiastiques régulièrement prononcées et auxquelles les canons auraient attaché cet effet. (*V.* CARRÉ, Gouvernement des paroisses, n° 60. — DURAND DE MAILLANE, v° paroisse, *et ubique passim.*) — Les motifs et l'application de ce principe sont parfaitement développés dans la Consultation.

2°. Comme premier pasteur, l'Évêque a bien, suivant le langage canonique, la *prévention sur les curés* de son diocèse; c'est-à-dire qu'il peut, quand il lui plaît, exercer les fonctions curiales dans toutes les paroisses soumises à son autorité spirituelle. Mais ce droit est personnel. L'évêque doit l'exercer par lui-même, il ne peut le déléguer à d'autres, au préjudice du propre curé. (CARRÉ, n°s 57 et 58. — FURGOLE, des Cur. prim., chap. 19, etc., etc.)

3°. *A fortiori*, l'Évêque ne peut-il point transporter à un chapitre en corps, ni faire exercer par un délégué révocable, les fonctions curiales qui sont confiées à *titre perpétuel* au curé. Ce ne serait pas seulement violer, au préjudice de celui-ci, le principe de l'inamovibilité si nécessaire à la dignité du sacerdoce et au bien de la religion; ce serait encore, dans l'espèce, priver l'église de Chartres du droit qu'elle a, comme église *curiale* ou *paroissiale*, d'être confiée au gouvernement d'un pasteur qui lui soit attaché par le lien indissoluble d'un mariage spirituel; ce serait la soumettre à un simple vicaire amovible qui n'a ni la même indépendance, ni la même dignité, ni les mêmes motifs d'intérêt et d'attachement pour un troupeau qu'on peut lui enlever à chaque instant pour le remettre aux mains d'un autre pasteur.

Aussi l'Eglise désapprouve-t-elle ces sortes de délégations.

Filezac, en son Traité de l'origine des paroisses, chap. 4, rapporte les décrets de plusieurs conciles tenus en France, qui ordonnent l'établissement *de curés en titre* pour gouverner par eux-mêmes les peuples dans toutes les églises, *sans exception de la cathédrale.*

Le concile de Trente, sess. 25, cap. 11, ordonne que les cures, *quoique unies à des églises cathédrales* ou collégiales, à des monastères ou à d'autres communautés, seront desservies par des *curés* ou des vicaires *perpétuels et irrévocables.*

Enfin le concile de Reims, rappelant les mêmes dispositions, en donne ce motif si énergiquement exprimé : qu'une église administrée par des prêtres amovibles ou par des mercenaires, n'est pas une épouse vertueuse, mais une femme impudique et prostituée.

Les destitutions de curés non motivées sur des condamnations ou des censures ecclésiastiques auxquelles les canons auraient attaché cette peine, furent donc, dans tous les temps, un motif légitime *d'appel comme d'abus.* La jurisprudence du Parlement de Paris en fournit de nombreux et mémorables exemples.

Ainsi, M. Chasles ne s'est point mis en révolte contre son Évêque, lorsqu'avec fermeté, mais avec les formes et le respect convenables, il a revendiqué les droits attachés à son titre, et refusé de laisser ou briser, ou même relâcher les liens sacrés qui l'unissent à ses paroissiens.

En le frappant d'un interdit illimité, en le destituant de fonctions essentiellement irrévocables, monseigneur l'Évêque de Chartres a donc fait ABUS. Il s'est trompé quand il a cru son autorité blessée par la conduite du curé de Notre-

Dame. C'est au contraire cette autorité qui s'est égarée au-delà de ses limites, sans doute par des motifs de zèle et de piété qui doivent absoudre le Prélat de tout reproche personnel, mais qui n'empêchent point que l'erreur dont M. Chasles est victime ne doive être réparée par l'autorité chargée du soin sacré de maintenir les libertés de notre Église.

Délibéré à Paris, ce 15 mars 1824. DUPIN jeune, *avocat.*

N° 7. — CONSULTATION DE MM. BILLECOCQ, HENNEQUIN, ETC.

LE CONSEIL SOUSSIGNÉ,

Qui a pris lecture du Mémoire à consulter présenté par M. Chasles, ensemble des pièces y relatées et particulièrement :

1°. De l'ordonnance de M. l'évêque de Chartres, en date du 8 novembre 1821, relative à l'érection du Chapitre ;

2°. De l'ordonnance du 19 janvier 1823, portant union du titre curial de l'église paroissiale de Notre-Dame de Chartres au Chapitre de la cathédrale ;

3°. De l'ordonnance du 3 décembre 1823, qui destitue M. Chasles de ses attributions curiales, et le prive de son titre et de ses fonctions ;

ESTIME que M. Chasles est fondé à se pourvoir comme d'abus, conformément à l'art. 6 de la loi du 18 germinal an X (8 avril 1802), tant contre l'ordonnance portant union de la cure de Notre-Dame de Chartres au Chapitre de la cathédrale, que contre celle du 3 décembre 1805, qui la privé de son titre et de ses fonctions.

L'opinion du conseil repose sur deux bases qu'il considère comme également inébranlables.

1°. L'inamovibilité des pasteurs du second ordre.

2°. L'impossibilité d'opérer une réunion légale sans le consentement du titulaire; proposition implicitement comprise dans la précédente.

L'inamovibilité des prêtres du second ordre ne peut être sérieusement contestée. Le principe de l'inamovibilité s'est établi pour les curés de la même manière que pour les évêques eux-mêmes; c'est qu'en effet les évêques et les curés remontent à la même origine, ainsi que l'explique d'Héricourt dans le passage suivant. (page 31, 3e partie, *Lois ecclésiastiques de France.*)

« Les évêques, successeurs des apôtres, dit ce savant ca-
« noniste, et les prêtres, à qui les évêques communiquent
« une partie de leur puissance, ont été établis par Jésus-
« Christ même, au lieu que l'Eglise a fixé les fonctions et
« le nombre des ministres inférieurs de la hiérarchie. »

La loi canonique a toujours considéré l'union d'un prêtre à son église comme un mariage spirituel; le Concile de Clermont, présidé par le pape Urbain II, établit qu'un titulaire doit rester à perpétuité dans l'église où il a été nommé; et le Concile de Trente recommande expressément aux évêques de pourvoir toutes les paroisses de vicaires perpétuels.

Qui solliciti providere debent, ut per idoneos vicarios etiam et perpetuos.

La perpétuité du titre curial se trouvait trop bien d'accord avec les doctrines de l'Église gallicane, pour que l'autorité civile ne la consacrât pas; aussi Louis XIV, par un édit donné à Versailles, le 26 janvier 1686, a-t-il voulu que les cures fussent à l'avenir desservies par des curés ou vicaires perpétuels, sans que l'on pût y mettre à l'avenir des prêtres amovibles sous quelques prétextes que ce pût être : cet édit est motivé sur ce que la bonté de Dieu a fait naître et élever le Roi dans le sein de l'Église catholique, apostolique et romaine, sur ce que Sa Majesté est obligée d'employer son autorité, pour faire que les curés qui ont soin de la conduite spirituelle de ses sujets, soient dignes, par leurs mœurs et par leur doctrine, de s'acquitter d'un ministère si saint et si important.

Une distinction établie dans le *Nouveau Denisart* (v° *Cure*, page 733, n° 3), confirmerait au besoin le principe de l'inamovibilité; en effet, on voit dans cet ouvrage que les curés réguliers, restant soumis à l'autorité des supérieurs de leurs ordres, sont par cela même amovibles, mais qu'il n'en est pas de même des curés séculiers, les cures étant des titres de bénéfice, et par cela même inamovibles.

La loi du 8 avril 1802 (18 germinal an X) n'a point méconnu le principe de l'inamovibilité. On voit bien dans l'article 34 de cette loi que les Desservans seront révocables à la volonté de l'Évêque, mais le silence gardé relativement aux Curés amène naturellement cette idée, que la loi s'en est référée sur ce point au droit antérieur. Cette distinction entre les Desservans et les Curés a été remarquée par M. Favard de Langlade, qui s'exprime ainsi (v° *Cure*, § Ier, p. 608, deuxième colonne, nouveau Répertoire.)

« Les Desservans actuels sont de véritables Curés; la » différence qui existe entre eux, c'est que les Desservans » peuvent être révoqués *ad nutum* par l'Évêque diocésain, » sans qu'il soit tenu d'en exprimer les motifs, et que les

» Curés ne peuvent être destitués que pour des motifs
» graves et légalement constatés. »

M. Favard de Langlade ne veut ici parler que d'un jugement rendu contre le Curé, pour des motifs personnels qui auraient amené sa dégradation.

Du principe de l'inamovibilité résulte la nullité des deux ordonnances de M. l'Évêque de Chartres, rendues l'une le 19 janvier 1823, l'autre le 3 décembre suivant.

La première de ces deux ordonnances porte évidemment une grave atteinte au droit d'inamovibilité du Curé de Notre-Dame; par l'art. 1er, en effet, le titre curial est réuni à perpétuité au Chapitre en corps, lequel demeurera seul Curé.

Il est dit par l'art. 2, que l'ecclésiastique choisi par l'Évêque entre les chanoines, et qui portera le titre de Curé de Notre-Dame, sera révocable à la volonté de l'Évêque: ce qui constitue la suppression la plus formelle du titre curial, dont M. Chasles était revêtu; en effet, M. Chasles aurait été choisi, que ce n'eût plus été à son titre, mais à la volonté de l'Évêque qu'il aurait dû la continuation de ses fonctions: ce qui constitue une atteinte formelle au principe de l'inamovibilité.

La seconde ordonnance, celle du 3 décembre 1823, viole ce principe plus ouvertement encore; elle décide que le sieur Chasles cessera, à partir du jour de l'ordonnance, de jouir du titre et des émolumens de Curé de la paroisse de Notre-Dame, et qu'il cessera par conséquent d'en remplir les fonctions.

Jamais l'inamovibilité des Curés n'a été plus formellement méconnue.

Point de jugement; c'est de Paris, loin de ses conseillers naturels et nécessaires, que M. l'Evêque prononce la destitution d'un pasteur qui tient son titre non-seulement de l'Evêque, mais aussi de la volonté du Roi; ou l'inamovibilité n'est qu'une chimère, ou l'ordonnance doit être considérée comme non avenue.

Les lois canoniques, dit d'Héricourt, ne permettent de procéder à la réunion qu'après avoir entendu le titulaire et toutes les parties intéressées.

« Pour faire une union valable, il faut appeler tous ceux » qui peuvent y avoir quelque intérêt; les collateurs, les » patrons ecclésiastiques, *les titulaires* et le peuple, s'il » s'agit d'unir une cure à une autre cure, ou à quelque » autre bénéfice; » (Lois eccl., troisième série, pag. 406, §. 12) ce qui justifie notre seconde proposition.

Or, jamais M. Chasles n'a été régulièrement appelé devant le Chapitre; mais ce moyen de forme, qui suffit pour constater l'irrégularité de l'union, n'est pas nécessaire à M. Chasles, dont les droits sont suffisamment protégés par l'inamovibilité de son titre.

M. Chasles, en défendant un droit sacré, non-seulement dans son intérêt particulier, mais encore dans l'intérêt de l'Église, ne s'étant jamais écarté des égards qu'il devait à son supérieur, il faut s'étonner de l'interdit dont il a été frappé; et quant à la forme et quant au fond, la censure est également abusive.

Il ne s'agit point ici d'une censure encourue de plein droit, mais de l'une de celles connues dans le droit canonique sous le nom de sentences *ab homine*.

Pour les censures encourues de plein droit, il n'y a point de formalités à observer, « il n'en est pas de même, ajoute » d'Héricourt (page 170, n° 12), contre ceux qui refusent » d'obéir aux ordres de l'Eglise qui leur sont connus, elles » doivent être précédées des monitoires canoniques, qu'il

» faut faire en présence de témoins, soit que le supérieur » ecclésiastique ordonne de faire quelque chose, soit qu'il » défende quelque action mauvaise. »

C'est aussi la décision du pape Innocent III.

Sacro approbante Concilio, prohibemus ne quis in aliquem excommunicationis sententiam, nisi competenti admonitione præmissâ, et personis præsentibus idoneis, per quas, si necesse fuerit, possit probari monitio, promulgare præsumat.....caveat etiam diligenter ne ad excommunicationem cujusquam absque manifestâ et rationabili causâ, procedat. (*Innocent III in Concil. Lateran., cap. sacro. extra de sentent. excommunicat.*)

Dans la question d'union, il ne s'agissait pas de désobéissance aux lois de l'Église, car il est impossible de considérer, comme une révolte contre les droits de l'Église, la persévérance de M. Chasles à réclamer la protection des lois canoniques.

Il n'y a eu de monitoire dans aucun moment; M. Chasles n'a pas été admis à se défendre; et, comme nous l'avons déjà fait observer, c'est à Paris, et loin de ses conseils naturels, que M. l'Évêque a signé l'ordonnance.

Jamais ne purent être appliqués avec plus de raison et de justesse que dans cette cause, les principes établis par d'Héricourt (page 171, n°s 46 et 47), qui nous enseigne qu'une censure est injuste et nulle tout à la fois, quand elle est prononcée pour une action innocente, et lorsqu'elle n'a pas été accompagnée des formalités prescrites par les canons.

Il y a donc abus dans l'ordonnance d'union et dans celle de destitution et de censure : M. Chasles a le droit de se pourvoir au Conseil-d'État par voie de tierce opposition, quant à la première, puisqu'il existe déjà une ordonnance royale d'approbation ; et par voie de recours direct contre la seconde.

Sans doute, et dans le pourvoi, et dans le recours, M. Chasles continuera de se prescrire, comme il l'a fait jusqu'à ce jour, le langage le plus respectueux envers son évêque, qui en est digne à tout égard. Les ministres d'une religion toute divine sont des hommes ; ils peuvent à ce titre commettre des erreurs ; mais le devoir de leurs inférieurs, comme de tout fidèle, est de leur conserver, même dans les réclamations les plus légitimes, les égards que commande leur caractère vénérable.

Délibéré à Paris, le 12 mai 1824.

Signé, HENNEQUIN, BILLECOCQ, } Avocats à la Cour royale.

BEGUIN, ROZET, } Avocats aux conseils du Roi et à la Cour de Cassation.

N° 8. AU MINISTRE DE L'INTÉRIEUR.

PRODUCTION

Pour M. Chasles, *curé de Notre-Dame de Chartres*,

D'une Consultation délibérée à Paris, le 10 mars 1824, par dix-neuf avocats, en faveur de l'exposant, et d'une autre Consultation de Me Dupin jeune, en date du 15 mars, dans lesquelles les moyens d'abus sont établis et démontrés :

Etant observé que le Mémoire demandé par la lettre

ministérielle du 16 mars, est déjà déposé au ministère, et se trouvait joint à la production du 6 mars:

Suppliant, M. Chasles, qu'il soit statué sur son recours, dans le plus bref délai, conformément à la loi; et qu'avis officiel lui soit donné du renvoi qui sera fait des pièces au conseil de S. M., afin qu'il puisse répondre aux observations de son adversaire, s'il en est produit (1), et que l'ordonnance à intervenir soit contradictoire et ait réellement l'autorité de la chose jugée.

N° 9. — *Extrait du Répertoire de Jurisprudence de M. Favard.* (V° Tribunaux ecclésiastiques.)

Art. VIII. Une question fort importante s'est présentée au Conseil-d'Etat : il s'agissait de savoir si l'union de la cure de Chartres au Chapitre cathédral de cette ville, pouvait avoir lieu; et, dans le cas de l'affirmative, quel devait être l'effet de cette union?

Avant de rendre compte de l'ordonnance royale qui a prononcé sur cette affaire, il est bon de donner connaissance d'une lettre de l'ancien ministre des cultes (M. le comte de Portalis), écrite à monseigneur l'Archevêque de Paris, sur les moyens de parer aux inconvéniens qui résultent de l'établissement d'une cure dans les églises métropolitaines et cathédrales.

Paris, le 20 décembre 1806.

« M. le Cardinal, les observations que m'ont faites plu-

---

(1) Il en a été produit, et elles n'ont point été communiquées.

sieurs prélats sur les inconvéniens qui résultent de l'établissement d'une cure dans les églises métropolitaines et cathédrales, dont le titulaire, soit par la nature de ses fonctions, soit par ses rapports avec les fidèles, ne se trouve pas en harmonie parfaite avec les Chapitres qui, de leur côté, ont des offices et des devoirs distincts; ces observations, dis-je, que l'expérience m'a fait reconnaître parfaitement justes, m'ont porté à rechercher les moyens de parer aux difficultés actuelles, et de prévenir celles qui, par la suite, ne manqueraient pas de naître.

» Je n'en vois que deux : le premier, d'enlever aux métropoles et aux cathédrales le titre de paroisse, et de le transférer à des églises particulières; le second, d'attribuer le titre de curé au Chapitre, collectivement pris, ce qui, sous aucun rapport, n'est contraire aux principes ni à la discipline de l'Eglise.

» Le parti de transférer la cure des métropoles et cathédrales, dans une église particulière et séparée, serait désavantageux aux Chapitres : leurs églises seraient désertes, et leurs offices abandonnés par les fidèles. Ceux-ci ne considéreraient plus les chanoines que comme le clergé particulier des évêques; l'opinion leur refuserait le caractère de fonctionnaires publics; et, dans la direction actuelle des esprits, il est facile de sentir ce que les chapitres perdraient d'influence et de considération; de plus, les intérêts de leurs fabriques seraient absolument ruinés. N'ayant par eux-mêmes à recueillir aucune oblation, et ne participant plus à celles qui résultent du service pastoral, ils ne pourraient parvenir à satisfaire aux moindres besoins de leurs sacristies.

» Le moyen d'attacher le titre de curé aux chapitres, me paraît donc infiniment préférable, et même a l'avantage de remédier aux inconvéniens du système actuel, il réunirait beaucoup d'autres avantages. L'office canonial ne serait plus distinct du service paroissial : il serait le service paroissial lui-même. Il se ferait avec plus de pompe, et les dépenses des fabriques ne se divisant plus, se feraient avec plus d'économie, et les moyens d'y subvenir seraient toujours au moins suffisans. Votre Eminence saisira elle-même et d'un coup d'œil, une infinité d'autres avantages qu'il me serait inutile d'indiquer; et j'en suis d'autant plus convaincu et plus attaché à mon idée, qu'elle est à peu près celle de Votre Eminence. Je me suis fait représenter un projet de statuts qu'elle m'adressa il y a quelques mois, et j'y trouve la semence de cette idée, et la proposition de réunir la cure à votre chapitre métropolitain.

» L'article 3 de ces statuts porte : « La cure de notre
» église métropolitaine est attachée au Chapitre. Le
» Chapitre en corps est chargé de la célébration des of-
» fices. L'instruction du peuple et l'administration des sa-
» cremens sont confiées à un archiprêtre nommé par nous
» et révocable à notre volonté. »

» Voilà précisément le moyen que j'avais imaginé, sauf une légère différence que je vais expliquer à Votre Eminence.

» Il résulte des statuts précités, que l'archiprêtre chargé de l'instruction du peuple et de l'administration des sacremens, serait pris hors du Chapitre, et lui serait aussi étranger que les vicaires, ses collaborateurs, à l'exception que, dans le chœur, il aurait rang parmi les chanoines.

» Je ne partage point cette opinion, et je pense qu'une multitude de raisons exige que ce soit un chanoine titulaire qui soit chargé des fonctions pastorales; s'il en est aument, l'archiprêtre se croira des droits séparés; et, mille circonstances, quelque modéré qu'il soit, lui donneront lieu d'élever des prétentions. Un chanoine ne s'isolera jamais du Chapitre : son titre de curé est inhérent à celui de chanoine, et n'en est que la conséquence, et lorsque Votre Eminence lui retirera le premier, il ne perdra pas le second.

» Cet arrangement ne peut souffrir aucune difficulté, et augmenterait votre Chapitre d'un membre, puisque l'opération consistera à donner le titre de chanoine aux curés actuels des métropoles et des cathédrales : ils reçoivent déjà comme curés un traitement du Gouvernement, ils le recevront comme chanoines, et le trésor public n'en sera nullement grevé. Les oblations augmenteront ce traitement, et Votre Eminence fixera cet objet, ainsi que tout ce qui concernera l'ordre des offices, par un règlement postérieur et particulier.

» Pour effectuer ma proposition, si elle est agréée par Votre Eminence, elle devra rendre une ordonnance qui ne comportera que la réunion de la cure au Chapitre, l'affectation des fonctions curiales à un chanoine titulaire que Votre Eminence nommera et remplacera à sa volonté, et la réserve de faire un règlement relativement au service et aux offices, et je solliciterai l'approbation de Sa Majesté. L'exemple de Votre Eminence sera suivi par tous les autres évêques, et déjà ceux qui se sont entretenus avec moi sur cet objet désireraient fortement la mesure que j'ai l'honneur de vous proposer.

» Je prie Votre Eminence de vouloir bien examiner attentivement l'objet de cette lettre, et de me transmettre promptement les observations qu'elle serait dans le cas de me faire. »

Voici la notice (1) que nous venons d'annoncer de l'affaire du curé de la paroisse de Notre-Dame de Chartres: elle présentait plusieurs questions, savoir :

1°. L'abus contenu en l'ordonnance épiscopale de 1821, et qui consistait à avoir pris pour base de cette ordonnance les prescriptions d'une bulle émanée du Saint-Siége, et non reçue dans le royaume, est-il couvert par l'ordonnance postérieure de 1822, qui a révoqué la précédente, et qui ne fait plus aucune mention de la bulle de circonscription de 1817?

2°. Monseigneur l'évêque de Chartres a-t-il pu, sans abus, opérer l'union de la cure de Notre-Dame de Chartres au chapitre du diocèse?

3°. Monseigneur l'évêque de Chartres, dans la supposition que cette union n'était point abusive, a-t-il pu, en l'opérant, ordonner que les fonctions curiales seraient exercées par un vicaire amovible?

4°. L'ordonnance d'union est-elle toujours régulière en sa forme?

5°. A-t-elle pu être exécutée du vivant du titulaire de la cure, et sans son consentement?

6°. Monseigneur l'évêque de Chartres a-t-il pu interdire sans abus, *de plano* et sans jugement, à M. Chasles, la prédication de la parole divine, et l'administration des sacremens?

La première question a été résolue affirmativement par les motifs suivans :

---

(1) Nous devons cette notice à l'obligeance de M. le Conseiller-d'État rapporteur (M. le comte Portalis, Pair de France, président de la Cour de Cassation).

En fait, l'ordonnance dans le préambule de laquelle monseigneur l'évêque de Chartres avait cité la bulle de circonscription de 1817, qui n'a jamais été reçue dans le royaume, n'a point eu d'exécution et n'a pas été revêtue de l'approbation royale; elle a été remplacée par une autre ordonnance du Roi du 30 du même mois. C'est ce dernier acte, et non celui du 8 novembre 1821, qui a réglé définitivement l'organisation du Chapitre de la cathédrale de Chartres.

En droit, ce moyen d'abus étant d'ordre public, aurait pu, sans doute, être allégué, soit par M. le Préfet du département d'Eure-et-Loir, soit par l'un des ministres du Roi, lorsque l'ordonnance épiscopale du 8 novembre 1821 fut rendue. Mais, en aucun cas, il ne pouvait être invoqué par M. Chasles, auquel cette ordonnance ne portait aucun préjudice; car le recours, dans tous les cas d'abus de la part des supérieurs et autres personnes ecclésiastiques, ne compète, aux termes de l'article 8 de la loi du 8 avril 1802, qu'aux personnes intéressées, ou, à défaut de plainte particulière, qu'aux préfets qui sont la partie publique de cette matière.

La deuxième question a encore été résolue affirmativement.

On a considéré, en fait, que dans les circonstances actuelles, la nécessité de consacrer à la fois une même église dans chaque diocèse au culte cathédral et au culte paroissial, indiquait l'union de la cure de la cathédrale au Chapitre, comme une mesure d'ordre et d'utilité presque indispensable au bien du service; que la division du local, celle des heures, la concurrence des offices, étaient des causes toujours subsistantes de division entre le clergé, de scandale pour les fidèles, d'insubordination de la part des inférieurs contre l'autorité supérieure ; que l'utilité de cette union avait été proclamée par le Gouvernement dès 1806, et reconnue successivement par trente-trois évêques, pour leurs diocèses respectifs, que le gouvernement du Roi avait, en 1821, fait connaître cet état de choses à monseigneur l'évêque de Chartres, par l'organe de M. le Ministre de l'intérieur, en l'invitant à examiner s'il ne serait pas convenable d'unir la cure de sa cathédrale à son Chapitre ; et que ce n'était qu'après ces antécédens, après divers désordres intérieurs causés par la collision des deux services paroissial et canonial, et une mûre délibération que monseigneur l'évêque de Chartres avait prononcé l'union.

On a considéré, en droit, que si, dans l'ancien ordre des choses, les unions étaient, en général, odieuses, parce que elles n'auraient eu, dans l'origine, d'autre objet que d'enrichir quelques titulaires privilégiés au détriment du service public et religieux, on faisait cependant une exception en faveur de celles qui n'avaient pour cause que le plus grand bien de l'Eglise et le plus grand avantage des fidèles ; que l'union des cures aux Chapitres, lorsque ces Chapitres et ces cures étaient situés dans le même lieu, avait souvent été approuvée, même par les parlemens, si rigoureux observateurs des règles en matière d'union des bénéfices ; que dans l'état actuel de l'église de France, privée de bénéfices, réduite à un seul Chapitre par diocèse, et ne possédant plus qu'un petit nombre d'édifices consacrés à l'exercice du culte, le seul genre d'union possible était celui des cures des cathédrales aux Chapitres cathédraux ; que ce qui était autrefois l'exception était devenu la règle, et que les unions de ce genre étaient désormais aussi favorables que des unions opérées dans des vues d'intérêt privé, auraient pu paraître odieuses en d'autres temps.

C'est encore d'une manière affirmative qu'on a résolu la troisième question.

Ici, plus de difficultés semblaient se présenter. On invoquait une longue série de lois canoniques qui, toutes, ordonnaient aux curés primitifs de déléguer les fonctions curiales, exercées en leur acquit, à des vicaires perpétuels et inamovibles, et l'on s'appuyait sur les textes répétés de plusieurs ordonnances du royaume qui contenaient les mêmes dispositions, et spécialement sur la déclaration de 1692, l'édit de 1695, et la déclaration de 1731. Toutefois, le Conseil-d'Etat a pensé que le principe posé par les saints canons sur la perpétuité des vicaires, comportait une exception; que cette exception écrite dans le chapitre VII de la section VII du concile de Trente (1) ne tire pas sa force seulement de l'autorité de ce concile, mais de la nature même des choses, qui veut que les règles établies pour le bien et l'utilité de l'Eglise, soient suspendues quand cette utilité le commande; que c'est en ce sens que le savant auteur des *Mémoires du Clergé* reconnaît que c'est aux évêques à juger, selon leur prudence, s'ils doivent instituer des vicaires amovibles ou perpétuels pour gouverner les paroisses unies aux Chapitres ou aux monastères, et qu'il y a des Chapitres et des monastères qui peuvent avoir, dans leur dépendance, des vicaires amovibles, pourvu qu'un membre du Chapitre ou du monastère soit désigné pour

---

(1) Dans ce chapitre, le concile décida que l'on doit établir des vicaires perpétuels partout, même dans les paroisses qui sont unies aux églises cathédrales, collégiales et abbatiales, si les évêques ne jugent, pour quelque raison particulière, que le contraire doive être plus avantageux: *Nisi ipsis ordinariis pro bono ecclesiarum regimine aliter expedire videatur.*

faire les fonctions curiales; que l'Eglise de France se trouve aujourd'hui tout entière dans le cas de l'exception; que les motifs qui justifient l'union, commandent l'amovibilité du vicaire délégué du Chapitre, car il n'existe point de différence essentielle entre un vicaire perpétuel et un curé; que, si l'exercice du culte paroissial par un curé en titre est incompatible, dans la même église, avec l'exercice du culte cathédral, il ne l'est pas moins par un vicaire perpétuel; qu'il ne faut d'ailleurs point perdre de vue les suites déplorables des années de persécution et de désorganisation; que les habitudes contractées durant les temps de trouble et d'anarchie, ont laissé, dans tous les esprits, des germes d'indépendance et des principes d'opposition et de résistance qui exigent que l'autorité épiscopale soit renforcée; que la nécessité de venir à son secours pour le rétablissement de la discipline et de la hiérarchie, a été si fortement sentie, qu'elle a même déterminé l'adoption d'une mesure législative qui a changé la face de l'Eglise de France, en transformant en de simples succursales desservies par des prêtres amovibles, la grande majorité des paroisses du royaume; que, d'ailleurs, les principaux motifs qui faisaient prohiber autrefois l'établissement des vicaires amovibles, et qui consistaient dans l'abus que les Chapitres faisaient du droit de révocation dans leur intérêt pécuniaire et temporel, n'existent que lorsque ces vicaires sont amovibles à la volonté de l'évêque et non à celle du Chapitre; que la mesure attaquée se trouve donc conforme à l'esprit des lois canoniques; que les lois anciennes du royaume sont sans autorité dans l'espèce, puisque des lois nouvelles, fondées sur des circonstances de fait, irrécusables, ont dérogé si nettement aux principes de la précédente législation; et que, dès lors, la mesure dont il s'agissait, commandée par la situation actuelle, et la nouvelle organisation de l'église gallicane ne pouvait avoir rien d'abusif.

C'est toujours affirmativement qu'on a prononcé sur la quatrième question.

S'il fallait, autrefois, pour opérer légitimement l'union d'un bénéfice à un autre, qu'elle fût précédée d'une enquête de *commodo et incommodo*, de l'audition des parties intéressées, même des paroissiens, s'il s'agissait d'une cure, et qu'elle fût revêtue de lettres-patentes du Roi, le Conseil-d'Etat a jugé dans l'espèce que, lorsque le gouvernement du Roi, qui est le souverain juge en matière d'utilité publique aux termes de nos lois actuelles, avait déclaré cette utilité, toute enquête était désormais superflue; que cette forme nouvelle suppléait également à l'audition des parties intéressées, auxquelles d'ailleurs toutes les voies administratives étaient ouvertes pour faire entendre leurs réclamations, et que l'ordonnance du Roi qui était intervenue équivalait pleinement aux lettres-patentes requises; enfin, il a pensé qu'une forme constamment suivie et sans réclamation depuis quinze ans, était suffisamment régulière.

Sur la cinquième question, il a encore été donné une décision affirmative.

En effet, le Conseil-d'Etat a considéré que, dans l'Eglise, ainsi que dans l'Etat, l'inamovibilité n'avait été introduite qu'en vue de l'utilité publique; que, d'ailleurs, l'inamovibilité du titulaire n'emportait pas la perpétuité de l'office; que, dans l'espèce, l'union de la cure entraînait de droit l'extinction du titre de curé, car s'il conservait son titre et ses fonctions, il n'y avait plus d'union actuelle; que, dès lors, si l'union actuelle était commandée par la nécessité ou justifiée par l'intérêt de l'Eglise et des fidèles, il fallait, de toute nécessité, qu'elle reçût immédiatement son exécution;

que l'on n'opposait à des motifs si pressans qu'une règle tirée de l'ancien droit bénéficial, selon laquelle le titulaire d'un bénéfice réuni à un autre, devait continuer à jouir, sa vie durant, des fruits du sien; que cette règle est sans application dans un ordre de choses si différent de celui dans lequel elle avait été introduite; que, dans l'état ancien, il n'y avait point de titre ecclésiastique sans bénéfice, puisqu'on ne pouvait même ordonner un simple prêtre, sans qu'il justifiât d'une dotation, soit en biens ecclésiastiques, soit en biens patrimoniaux: que cette dotation, toujours inséparable du titre, et souvent considérable, pouvait exciter l'envie, éveiller la cupidité et compromettre à la fois l'existence d'un titre utile et la fortune d'un titulaire sans reproche; qu'il était dès lors naturel que la loi bénéficiale eût pourvu en quelque sorte à la garantie, et, pour ainsi dire, à l'incommutabilité de cette propriété d'une nouvelle espèce; mais qu'aujourd'hui les prêtres exercent des fonctions et n'ont plus de bénéfices, que les titres ecclésiastiques actuellement existans, n'ont, à un très-petit nombre d'exceptions près, d'autre temporalité que des rétributions annuelles payées par l'état ou les communes, et le produit incertain des oblations casuelles des fidèles; et que même, depuis le décret de février 1810, les ordinands sont dispensés de justifier d'aucun titre clérical avant leur promotion au sacerdoce; que dès lors, la règle invoquée cesse d'avoir son effet, et les argumens tirés de la nécessité et de l'utilité des fidèles reprennent leur force; que les fonctions et le titre disparaissent, lorsque l'office n'existe plus, et que cette doctrine, la seule compatible avec la constitution actuelle de l'Église de France, n'a rien de menaçant pour le principe de l'inamovibilité des curés; car la loi veut qu'il n'y ait jamais moins d'une cure par arrondissement de justice de paix; la circonscription et l'établissement des cures sont sanctionnées par une ordonnance du Roi, et il faudrait, pour qu'un Curé fût privé de son titre sans jugement, opérer l'extinction toujours difficile et souvent impossible d'une cure.

Les solutions données aux cinq premières questions, amenaient naturellement une réponse affirmative à la sixième, puisque M. Chasles n'attaquait comme abusive l'ordonnance épiscopale du 3 décembre 1823, qui lui retirait le pouvoir de prêcher et de confesser, que parce qu'il soutenait qu'un curé ne pouvait être privé de ce pouvoir qu'il tenait de son institution canonique, que par un acte de la juridiction contentieuse de l'évêque, et selon les formes établies pour l'exercice de cette juridiction.

Tels sont les principaux motifs qui ont déterminé l'ordonnance royale du 14 juillet 1824.

N° 10. ORDONNANCE *ou* ARRÊT *du Conseil-d'État, du* 14 *juillet* 1824.

« LOUIS, etc... Sur le rapport de notre ministre de l'intérieur ;

» Vu le mémoire adressé à notredit ministre, par le sieur Pierre-Claude Chasles, prêtre, chanoine du Chapitre cathédral de Chartres, et agissant comme curé de l'Eglise cathédrale de la même ville ; ledit mémoire tendant à faire déclarer abusivement rendues trois ordonnances de Mgr l'évêque de Chartres, en date des 8 novembre 1821, 19 janvier et 3 décembre 1823 ;

» Savoir, la première, parce que, dans cette ordonnance, Mgr l'Evêque de Chartres aurait agi en vertu de pouvoirs à lui confiés par une bulle du Pape non reçue dans le royaume, et ce au mépris des dispositions des art. 1 et 3 de la loi du 8 avril 1802 et autres lois du royaume; la deuxième et la troisième, en tant que par ces deux ordonnances, Mgr l'Evêque de Chartres aurait privé le réclamant des fonctions et du titre de curé inamovible, en contravention aux dispositions de ladite loi de 1802, des règles du droit canonique reçues en France, et des dispositions expresses de l'édit du 29 janvier 1686, de l'art. 24 de celui du mois d'avril 1695 et de la déclaration donnée à Marly, le 15 janvier 1731; enfin, la troisième seulement aurait été fulminée contre les formes et les règles canoniques;

» Vu les ordonnances rendues par Mgr l'Evêque de Chartres, les 8 novembre 1821 et 7 janvier 1823, portant érection et contenant les statuts du Chapitre de sa cathédrale, ensemble notre ordonnance du 30 du même mois de janvier 1822 (1), portant approbation de la dernière de ces ordonnances épiscopales;

» Vu la lettre adressée, le 5 décembre 1821, par notre Ministre Secrétaire-d'État au département de l'intérieur, à Mr l'Evêque de Chartres, dans l'intention de lui faciliter les moyens de mettre les établissemens ecclésiastiques de son diocèse en harmonie avec ceux des autres siéges du royaume, et notamment de faire connaître que l'expérience avait démontré les inconvéniens inséparables de l'existence, en une même Eglise cathédrale, d'une cure distincte et indépendante du corps du Chapitre; que pour y remédier et faire cesser les divisions interminables entre les corps capitulaires et le curé, soit à l'occasion de la célébration des offices, de l'administration des deux fabriques, de l'exercice des diverses fonctions religieuses, soit

(1) Elle n'a pas été publiée, non plus que l'ordonnance épiscopale du 7 janvier; ainsi on ne sait pas si l'ordonnance de 1821 a été réellement rapportée.

pour l'ordre des préséances, feu M. le cardinal de Belloy avait proposé, dès 1807, la réunion de la cure de Notre-Dame de Paris au chapitre métropolitain, et la délégation des fonctions curiales, en l'acquit du chapitre, à un archiprêtre chanoine, choisi par l'archevêque et révocable par lui; et que cette mesure, consacrée dans le temps par un décret du dernier gouvernement, avait, depuis, été adoptée par un grand nombre d'évêques, et consacrée de nouveau par plusieurs de nos ordonnances.

» Vu l'ordonnance rendue par M. l'Évêque de Chartres, le 19 janvier 1823, portant réunion, à perpétuité, du titre curial de son église cathédrale au chapitre de ce diocèse, et statuant que le chapitre, en corps, sera chargé de la célébration des offices divins, et que les autres fonctions curiales seront confiées à un ecclésiastique choisi par l'évêque entre les chanoines, qui portera le titre de curé de Notre-Dame, sera révocable à la volonté dudit évêque, et n'aura de compte à rendre de l'exercice de ses fonctions qu'à lui ou à ses vicaires-généraux; ensemble notre ordonnance du 9 juillet suivant, portant approbation de ladite ordonnance d'union;

» Vu l'ordonnance rendue par M. l'évêque de Chartres, le 3 décembre 1823, portant que le sieur Chasles cessera de jouir du titre et des émolumens de curé de la paroisse de Notre-Dame de Chartres, qu'il s'abstiendra d'en faire les fonctions, et qu'il lui retire tout pouvoir d'entendre les confessions et d'annoncer la parole de Dieu;

» Vu diverses consultations à l'appui du recours du sieur Chasles, les lettres en réponse de M. l'Évêque de Chartres, et toutes les pièces produites.

» Vu la loi du 8 avril 1802;

» Sur le moyen d'abus proposé contre l'ordonnance épiscopale du 8 novembre 1821.

» Considérant que le recours, en cas d'abus, contre les actes émanés des supérieurs ecclésiastiques, ne compète, aux termes de l'article 8 de la loi du 8 avril 1802, qu'aux personnes intéressées;

» Que l'ordonnance rendue, le 8 novembre 1821, par M. l'Evêque de Chartres, portait seulement que le curé de la cathédrale prendrait rang et séance au Chapitre diocésain, et qu'il aurait le titre de chanoine;

» Que, dès lors, le réclamant était sans intérêt, et, par conséquent, non recevable à en poursuivre la réformation;

» Considérant, en outre, que cette ordonnance a d'ailleurs été annulée par l'ordonnance postérieure du 7 janvier 1822, revêtue de notre approbation royale, le 30 du même mois, et dans laquelle il n'est fait mention d'aucun acte du Saint-Siége qui n'aurait pas été reçu et publié dans le royaume; d'où il suit que, dans toutes les suppositions, le recours comme d'abus serait sans fondement.

» Sur le moyen d'abus proposé contre les ordonnances épiscopales, des 19 janvier et 3 décembre 1825, en tant qu'elles auraient dépouillé le réclamant des fonctions et du titre de curé inamovible;

» Considérant que, s'il est hors de doute qu'un curé ne peut être privé de ses fonctions et de son titre que par une sentence de déposition, rendue selon les formes canoniques et confirmée par nous, l'inamovibilité du titulaire n'emporte point la perpétuité de l'office, et qu'il est également hors de doute qu'une cure peut être supprimée par son union à une autre cure ou à tout autre établissement ecclésiastique, dans les formes prescrites par les lois, lorsque l'utilité des fidèles et les nécessités du service religieux le commandent ;

» Considérant, dans l'espèce, que la cure de Notre-Dame de Chartres a été unie, par l'évêque de ce diocèse, avec notre approbation, au Chapitre cathédral ;

» Qu'une union semblable, qui n'a jamais été considérée comme abusive lorsqu'elle était justifiée par les circonstances, ainsi qu'il résulte de l'ancienne jurisprudence de nos cours, est devenue indispensable à cause de la destruction d'un grand nombre d'églises, qui a nécessité, dans presque tout les diocèses, l'établissement simultané, dans une même église, d'un Chapitre cathédral et d'une paroisse, ainsi que le prouvent plusieurs décrets rendus successivement ; lesdits décrets et ordonnances portant approbation de trente-trois unions de cette nature, opérées par trente-trois archevêques ou évêques de notre royaume dans leurs diocèses respectifs ;

» Considérant que si les canons de l'Église ont prescrit aux Chapitres-Curés de faire exercer les fonctions curiales, en leur acquit, par des vicaires perpétuels, c'est, toutefois, sous la condition que les évêques ne jugeront pas, pour quelque raison particulière, tirée de l'intérêt de la bonne administration de leur diocèse, *bono ecclesiarum regimine*, que le contraire doit être plus avantageux ;

» Considérant que si les anciennes lois du royaume prescrivaient pareillement l'établissement des vicaires perpétuels, ces lois étaient relatives à un état de choses qui n'existe plus ;

» Qu'alors, d'une part, les unions de l'espèce de celle dont il s'agit, avaient le plus souvent pour but unique d'augmenter la dotation des Chapitres ;

» Et que les vicaires de ces Chapitres étaient destituables et amovibles à leur volonté ;

» Qu'aujourd'hui, au contraire, les vicaires chargés d'une partie des fonctions curiales, en l'acquit des Chapitres, ne sont nommés et révocables que par l'évêque, et les unions des cures aux Chapitres ont exclusivement pour objet de rétablir ou de maintenir le bon ordre dans les églises cathédrales et métropolitaines, et de prévenir les dissentions du clergé et le scandale des fidèles ; d'où il suit que les dispositions des lois anciennes sont sans application à l'espèce ;

» Considérant, enfin, que l'union de la cure de Notre-Dame de Chartres au Chapitre a eu lieu à l'époque de l'établissement du nouvel évêché de Chartres, en exécution de la nouvelle circonscription de tous les diocèses du royaume ;

» Que, par suite de l'établissement de cet évêché, l'église de Notre-Dame a été érigée en cathédrale, et que cette érection a rendu l'union nécessaire ;

» Que la cause même de l'union ne permettait aucun délai dans son exécution ;

» Et que, dès-lors, l'ancien curé dont le titre était éteint par l'union, et qui ne pouvait plus en exercer les fonctions, ne pouvait, dans le cas d'exception où il se trouvait placé, se prévaloir des anciennes règles qui prescrivent que le titulaire d'un bénéfice continue à en recueillir les fruits jusqu'à sa mort, même après l'union de ce bénéfice à un autre ;

» Sur le moyen d'abus proposé contre la sentence d'interdit contenue dans l'ordonnance épiscopale du 3 décembre 1825 ;

» Considérant qu'à l'époque où cet interdit a été prononcé, l'union de la cure au Chapitre étant consommée, le réclamant n'était plus que chanoine, et que, dès lors, son évêque a pu, en tout état de cause, ainsi qu'il l'a fait, lui retirer, sans jugement préalable, des pouvoirs qu'un simple prêtre ne peut conserver qu'aussi long-temps que son évêque le juge convenable.

» Sur le rapport du comité du contentieux;

» Notre Conseil-d'État entendu,

» Nous avons ordonné et ordonnons ce qui suit:

» Art. 1er. Le recours comme d'abus dirigé par le sieur Chasles, contre trois ordonnances rendues par l'évêque de Chartres, les 8 novembre 1821, 19 janvier et 3 décembre 1823, est rejeté.

N° 11. — Déclaration du Roi *portant que les cures unies à des Chapitres, seront desservies par des curés ou vicaires perpétuels.*

Versailles, 24 janvier 1686. (Enregistré au Parlement le 1er avril 1684).

LOUIS, etc. La bonté de Dieu ayant fait rentrer dans le sein de l'Eglise catholique, apostolique et romaine, plusieurs de nos sujets qui en étaient malheureusement séparés, nous sommes encore plus obligés d'employer notre autorité pour prouver que les curés qui ont soin de la conduite spirituelle de nos sujets, sont dignes par leurs mœurs et par leur doctrine de s'acquitter d'un ministère si saint et si important, et comme nous avons été informés que, dans quelques-unes des provinces de notre royaume, dans lesquelles il y a un plus grand nombre de nos sujets convertis depuis peu de temps, plusieurs curés primitifs et autres, à qui la collation des cures et des vicairies perpétuelles appartient, commettent des prêtres pour desservir pendant le temps qu'ils jugent à propos de les y employer, avec une rétribution très-médiocre, nous avons estimé nécessaire de remédier à un abus condamné tant de fois par les saints canons, et qui empêche les ecclésiastiques qui seraient capables de s'acquitter très-utilement de ces emplois, de les pouvoir accepter.

A ces causes, et autres considérations à ce nous mouvant, après avoir fait mettre cette affaire en délibération en notre Conseil, de l'avis d'icelui, et de notre certaine science, pleine puissance et autorité royale, nous avons dit, déclaré et ordonné, disons, déclarons, ordonnons par ces présentes, signées de notre main, voulons et nous plaît, que les cures qui sont unies à des Chapitres ou autres communautés ecclésiastiques, et celles où il y a des curés primitifs, soient desservies par des curés ou par des vicaires perpétuels qui seront pourvus en titre, sans que l'on y puisse mettre à l'avenir des prêtres amovibles, sous quelque prétexte que ce puisse être. Enjoignons à ceux qui en ont commis, de présenter aux ordinaires des lieux, dans trois mois après la publication de notre présente déclaration, des prêtres capables d'être pourvus en titre, et durant leur vie, desdites cures ou vicairies perpétuelles, etc.; faute de ce faire, ordonnons qu'il y sera pourvu par les archevêques et évêques, chacun dans leur diocèse, de personnes qu'ils en estimeront dignes par leur probité et par leur suffisance.

Si donnons en mandement, etc.

N° 12. — ACTE D'APPEL *à l'Official Métropolitain de la Province ecclésiastique de Paris.*

Chartres, 24 janvier 1825.

Monsieur l'official, je soussigné Pierre-Claude Chasles, curé de la paroisse de Notre-Dame, en l'Eglise cathédrale de Chartres, ayant été dépossédé et interdit, au mépris de toutes les lois canoniques et civiles, sans aucune forme de procès par monseigneur Jean-Baptiste-Marie-Anne-Antoine de Latil, alors évêque de Chartres, vous supplie et requiers de recevoir mon appel et de m'assigner le délai que vous jugerez convenable pour l'instruction de la procédure et pour toutes les formalités à remplir devant votre tribunal, à l'effet d'obtenir de vous la décision et le jugement qu'il vous appartient de rendre conformément aux saints canons et aux lois de ce royaume.

Je suis avec respect, Monsieur l'Official, etc.

CHASLES.

N° 13. — MÉMOIRE *à Monseigneur l'Archevêque de Paris.*

Chartres, 22 février 1825.

Tandis que, sous les auspices de votre Grandeur, on s'occupe d'une affaire qui n'est étrangère à aucun curé en titre de ce royaume, et qui tient tous les esprits en suspens, je suis averti qu'on me reproche de n'avoir pas complètement réfuté les maximes étranges qui se trouvent dans un Mémoire publié contre moi.

C'est à dessein, je l'avoue, Monseigneur, et par des motifs qu'apprécieront les âmes timorées, que je me suis abstenu jusqu'à ce moment d'entamer une discussion dont le résultat serait d'entraîner des conséquences sérieuses, en donnant à mes poursuites le caractère le plus grave. Il a fallu un long combat pour vaincre ma résistance, et je ne cède enfin à l'autorité de diverses personnes aussi pieuses qu'éclairées, qu'en sacrifiant des considérations d'une délicatesse toute personnelle, à la défense de la vérité et aux intérêts de la religion.

Je ne viens plus parler ici seulement de l'infraction incontestable d'un point de discipline générale. Je dénonce aujourd'hui une doctrine qui, en attaquant l'inamovibilité des pasteurs du second ordre, pourvus du titre canonique et légal de curés, ébranle celle des premiers pasteurs, et tend à renverser de fond en comble le gouvernement de l'Eglise elle-même.

Si le trop puissant crédit qui pèse sur moi m'empêche d'obtenir une réparation effective de tout le mal qu'on m'a fait et de l'injure qu'en a ressentie le sacerdoce, je puis espérer du moins d'épargner par mes derniers efforts de semblables épreuves et de si durs affronts à tant d'autres pasteurs justement alarmés !

J'ose donc, Monseigneur, m'adresser au Pontife qui tient un rang si éminent parmi les métropolitains de ce royaume, et qui est mon supérieur direct dans l'ordre hiérarchique, pour lui déférer la proposition suivante :

Le privilége de l'inamovibilité est une loi ecclésiastique révocable à la volonté de l'église, et sujette à toutes les exceptions qu'exige la nécessité ou la grande utilité de la religion. Or, l'évêque est juge des cas où le bien de la religion doit prévaloir sur ce privilége ecclésiastique des curés. Donc, etc. (1).

Remarquons d'abord ici, Monseigneur, que cette première partie de la proposition : *le privilége de l'inamovibilité est une loi ecclésiastique révocable*, s'applique aux évêques aussi bien qu'aux curés; car pour les uns comme pour les autres, l'inamovibilité n'est que de droit ecclésiastique.

Admirons, en même temps, cette singulière définition que l'auteur donne de la loi de l'inamovibilité canonique, en l'appelant privilége, *privata lex*, tandis qu'elle est une règle générale de l'Eglise et un point de droit commun, *jus commune*. Pouvait-on mieux confondre deux choses directement opposées? Est-ce un maladroit artifice ou bien une simplicité excessive? il importe peu. Ce qui importe, ce sont les conséquences qui découlent d'un principe si fécond en erreurs.

Quoi! un évêque est juge des cas où il peut *révoquer* une loi générale de l'Eglise! Toutes les fois donc qu'il le jugera à propos, il sera indépendant, quant à la discipline, de toute autorité supérieure : Conciles provinciaux, nationaux, œcuméniques, décisions du Saint-Siége, et le Pape, et la hiérarchie tout entière, ne pourront rien contre lui : Quelle anarchie!

Cette doctrine, bien chère à tous les novateurs, à tous

---

(1) Observations d'un canoniste sur l'appel comme d'abus, porté au Conseil-d'État par M. Chasles, contre monseigneur de Latil, évêque de Chartres, page XI. (Ce Mémoire a été distribué au Conseil-d'État).

les hérésiarques, fut principalement l'erreur fondamentale des apôtres de la *constitution civile du clergé*, dont le premier effet fut de rompre les liens qui nous attachent à la chaire apostolique, au centre d'unité, et qui, d'innovation en innovation, de scandale en scandale, de massacre en massacre, réduisit l'Eglise de France à cet excès de malheur de voir partout l'apostasie livrer le saint des saints à l'impiété triomphante.

Sur cent trente-cinq évêques, nommés par le Roi et institués par le souverain Pontife, quatre embrassèrent cette constitution prétendue civile. A Dieu ne plaise, disaient-ils, que nous touchions aux dogmes. C'est toujours le même culte, la même liturgie, le même catéchisme, les mêmes sacremens, la même foi : rien n'est changé, si ce n'est la discipline! Nous rétablissons, pour le plus grand bien de la religion, les règles si pures des plus beaux jours du christianisme. Or, *tout évêque est juge des cas où la nécessité, la plus grande utilité de la religion, doivent prévaloir sur des lois ecclésiastiques même génerales : il est le maître de les révoquer.* Nous ne nions pas assurément l'inamovibilité des pasteurs du second ordre; mais l'évêque est juge des cas où il peut n'avoir aucun égard à cette inamovibilité : ils partiront donc pour l'exil, ceux qui auraient la témérité de méconnaître le droit qu'ils ont de changer, de réformer, de révoquer tout ce qui est d'institution ecclésiastique, et déjà la force armée s'avance pour installer leurs successeurs.

Qu'on nous dise ce qu'aurait à répondre à cet argument irrésistible le *canoniste* qui, avec ces belles maximes, a aussi bien justifié ma déportation par les lois révolutionnaires, que ma déposition par l'ordonnance de monseigneur de Latil! S'appuiera-t-il (*le canoniste*) sur ce que les évêques *dispensent* du précepte de l'abstinence quadragésimale, des empêchemens dirimans du mariage, et de quelques autres points de la discipline universelle? Mais dispensent-ils de l'inamovibilité? Ce mot *dispenser* dit tout. Quand une loi restreint l'usage de choses qui seraient en elles-mêmes innocentes, quoique sagement prohibées, il peut y avoir lieu à *dispense* de la part des évêques, en vertu d'une concession authentique du Saint-Siége, ou d'une possession de temps immémorial; controverse délicate qu'il n'est pas de mon sujet d'approfondir.

Ce sont ici des lois que les théologiens, dans un sens différent de l'acception commune de ce mot, appellent *odieuses*. Mais les lois qu'ils appellent *favorables*, telle qu'est la loi de l'inamovibilité, jamais, non jamais un évêque n'eut le droit de les *révoquer*, ni d'y porter la plus légère atteinte. Il n'y a point ici de *demi-erreur*: quiconque n'est pas dans l'exacte vérité, se précipite bientôt dans les derniers écarts. Un évêque qui ose attenter à l'inamovibilité d'un curé en titre, et qui s'obstine dans la fausse idée qu'il se fait de l'étendue de son pouvoir, n'a de ressource que dans de tristes sophismes qui pourraient le mener au schisme, à l'hérésie; car en renversant la discipline générale, qui est le rempart de la foi, il laisse ce dépôt sacré sans défense, il le livre en proie à ses ennemis. Vainement lui dira-t-on: *O Timothee, depositum custodi* (1), combien de fois, dans de pareilles circonstances, les avertissemens furent tardifs et les regrets inutiles!

Des évêques qui avaient appris de Luther et de Calvin à mépriser la discipline générale de l'Église, et à croire qu'ils

(1) I. Tim. VI. XX.

pouvaient la faire plier au gré de leurs caprices, se montrèrent dignes en tout de leurs maîtres. Un Gérard-Roussel, évêque d'Oleron, théologien de la reine de Navarre, un Caraccioli, évêque de Troyes, un Spifame, évêque de Nevers, un cardinal de Châtillon, évêque de Beauvais, ne prétendirent d'abord changer que des rits, des cérémonies, des règlemens variables. Ils se bornaient à user du pouvoir que *le canoniste* attribue à tous les évêques, et chacun sait quelle fut la suite de leur histoire!

Loin de moi, sans doute, des rapprochemens injurieux! Je n'accuse pas les intentions de mes adversaires; je n'eusse pas accusé celles de Fénélon, dont, si j'en crois mon propre témoignage, ils ont toute la droiture. Mais point de composition avec l'erreur! leur fausse doctrine, si cruelle pour moi et pour tous mes confrères, me trouvera toujours inexorable.

Je la dénonce à tout le clergé, cette doctrine sur laquelle on a fondé ma condamnation; doctrine perverse, qui attaque ouvertement tous les curés de cathédrale, tous les curés en général, et qui mine sourdement la base sur laquelle reposent tous les titres inamovibles de l'Église de France. Je dénonce l'insertion qu'on en a faite dans un Recueil de jurisprudence, comme d'un *précédent* sur lequel se règleront désormais les *jugemens* du Conseil-d'Etat dans les causes semblables à la mienne.

Oh déplorable destinée de l'Église gallicane! est-il une humiliation comparable à celle où nous la voyons réduite! Sa juridiction contentieuse est entièrement envahie, et une inconcevable apathie favorise cette usurpation!

Une réunion de laïques, presque tous dépourvus des moindres notions de la science théologique, pour qui le recueil immense des saints canons est un chaos impénétrable, sur lequel leur position ni leur penchant ne leur permettent pas même de porter leurs regards, de tels hommes sont les juges de nos droits canoniques, et prononcent sur des questions qu'ils ne sauraient comprendre! Quelques protestans, qui font partie du Conseil-d'État, sont peut-être ceux qui ignorent le moins les choses qui nous concernent, et qui les discuteraient avec le plus d'impartialité; mais le plus souvent ils s'abstiennent à notre égard de délibérer (1).

Serait-il possible que des métropolitains repoussassent vers ce tribunal séculier des prêtres, des pasteurs, en leur refusant tout accès auprès des tribunaux hiérarchiques établis par l'Église de Jésus-Christ, sous des formes constamment protectrices, depuis les temps les plus rapprochés de la fondation même de l'Église! Était-elle délaissée du Saint-Esprit, lorsqu'elle voulut donner un frein au puissant, et au faible un appui! La prétention de recourir à ces tribunaux est-elle si déraisonnable? Ma persévérance à défendre une cause si juste, et des principes démontrés jusqu'à la dernière évidence, va-t-elle, comme on le dit, jusqu'à la folie?

Non, non, Monseigneur, mon unique tort est d'avoir trop raison; c'est de pouvoir dire avec assurance que nos

---

(1) C'est ce qui arriva dans la séance générale convoquée à mon sujet, et à laquelle assistèrent trois membres protestans. Mais nous avons vu, *sur le même point de droit*, un avis du comité de l'intérieur portant la signature de M. le baron Cuvier, comme Président de ce comité. Cet avis, conforme aux principes que nous défendons, n'aurait pu être rédigé d'une manière plus exacte par le docteur catholique le plus savant et le plus timoré.

vrais théologiens, dans l'épiscopat et hors l'épiscopat, décident en ma faveur; c'est de pouvoir citer à mon appui tous les curés de la capitale, et, sans rien hasarder, tous les curés de France; c'est de pouvoir m'autoriser de l'avis formel des docteurs et des professeurs de la faculté de théologie de Paris, dont il en est qui se signalèrent dans les savans exercices de l'ancienne Sorbonne; c'est de pouvoir affirmer quelque chose d'infiniment plus fort, plus étonnant, savoir que des controversistes, théologiquement intrépides, et politiquement poltrons, qui d'abord osaient à peine prononcer le *non licet* (1) au fond de leur conscience, commencent à articuler ces paroles du saint précurseur, d'une voix faible et tremblante, il est vrai, mais de manière cependant à être entendus en un lieu écarté, par quiconque leur prête une oreille bien attentive. Dans un siècle où l'on peut regarder comme un phénomène des plus extraordinaires cette sincérité évangélique qui fait dire avec candeur oui ou non, *est*, *est*, *non*, *non* (2), n'est-ce point un prodige que l'opinion qui m'est favorable se soit enhardie jusqu'à devenir presque unanime? Voilà mon tort irrémissible, Monseigneur, et je vais l'aggraver encore en faisant connaître une des suites les plus singulières de ma déposition.

Curé en titre d'une église cathédrale, jamais je n'aurais songé à prendre un autre rang parmi les curés du diocèse que celui que m'assignait l'ancienneté, conformément aux canons et à l'usage relatif aux synodes diocésains (3) : mais on me remplace par un jeune vicaire ou desservant, si l'on

(1) Math. XIV. IV.
(2) Math. V. XXXVII.
(3) De Synodo diæcesanâ Bened. Pap. XIV. Cap. V, de parochis.

veut, qui, malgré le titre insignifiant d'archiprêtre, autrefois toujours inamovible, est révocable à toute heure; et l'ordonnance épiscopale, qui le croirait! statue que ce prêtre délégué aura toujours le premier rang parmi les curés du diocèse, dans les synodes et assemblées ecclésiastiques (1). Il a donc la préséance sur tous les curés titulaires qui forment dans le gouvernement de l'Église un degré hiérarchique, tandis qu'un prêtre, simplement délégué pour les fonctions curiales, n'appartient aucunement à cette hiérarchie (2). Quel renversement des convenances et des règles puisées dans la nature des choses, et consacrées inviolablement par les lois ecclésiastiques (3)!

Supposons, Monseigneur, qu'un évêque *in partibus*, administrant par délégation un de nos diocèses, s'avisât de venir, dans une assemblée générale de nos évêques, se placer gravement à leur tête! Quelle rumeur! quel scandale! avec quelle sévérité, pour ne rien dire de plus, on réprimerait une entreprise si hardie! Voici donc deux poids et deux mesures : dans le second ordre, comme dans le premier, les principes sur la préséance sont les mêmes; ils émanent de la même source. Or, je le demande, puis-

---

(1) On connaît des *archiprêtres* doués d'autant de mérite que de modestie, qui, vu leur position équivoque, évitent de jouir de cet honneur.

(2) Tout prêtre, par son ordination, appartient à la *hiérarchie d'ordre*; mais s'il n'a point la juridiction propre, s'il n'est que délégué, il n'appartient pas à la *hiérarchie de juridiction*.

Il en est de même d'un évêque.

(3) Venerandum parochorum ordinem ad essentialem et intrinsecam ecclesiæ hierarchiam pertinere constanti majorum suorum traditione didicit S. F. hæc doctrina certissimis scripturarum et traditionis monumentis firmata est.

Decl. S. F. paris. II. Aug. 1772.

que parmi les évêques on est si jaloux de maintenir ces prérogatives fondées sur des droits, est-il juste d'en faire, parmi les curés, le jouet d'un capricieux dédain, d'une fantaisie bizarre? Ah! ne faisons pas perdre à l'ordre vénérable des pasteurs le sentiment de sa propre dignité! ne lui apprenons pas à regarder comme une chimère la distinction des rangs! ne lui prêtons pas des armes contre des dignités et des titres d'un ordre supérieur! n'ébranlons pas d'une main imprudente la pierre fondamentale de l'édifice! Que gagne-t-on, après tout, à humilier des inférieurs qui, par la considération même dont ils jouissent, font l'honneur et la gloire des chefs qui les gouvernent?..

Un prêtre, un moine tel que saint Bernard, ne craignait pas de rappeler, avec une respectueuse liberté, au pape Eugène III, qui, cependant, était d'un caractère si généreux, d'une humeur si douce et si affable, qu'il devait méditer sans cesse les textes sacrés où la sagesse divine recommande aux évêques d'éviter tout esprit de domination particulièrement à l'égard de leurs subordonnés, *neque ut dominantes in cleris* (1).

« Grand prêtre, pontife souverain, lui dit l'abbé de » Clairvaux, faites la guerre aux loups, et gardez-vous » d'appesantir votre bâton pastoral sur les bergers et sur les » brebis. »

« Il n'est ni fer ni poison que je craigne autant pour » vous que la tentation de dominer (2). Ce ne sont pas les » palais, les somptueux festins, les riches équipages, écri- » vait-il à un archevêque élevé à la cour de Louis-le-Gros,

(1) Petr. V. III.

(2) Consid. lib. II, c. 6. — Lib. III, c. 1.

» ce ne sont pas les titres, les honneurs qui font le grand » évêque, mais la charité, la science des saints, la man- » suétude évangélique, l'application assidue aux devoirs de » l'épiscopat (1). »

Comme au temps de saint Bernard, en effet, la religion retire-t-elle, de nos jours, de bien grands avantages de toute la part que les évêques peuvent prendre aux affaires tumultueuses du siècle!

Louis XVI était loin de désirer quelque chose de semblable, lorsque, répondant aux doléances que lui adressait l'assemblée du clergé en 1780, il disait qu'il n'y avait point de remède plus efficace, plus urgent, à opposer aux progrès de l'esprit d'impiété et au relâchement général, *que le zèle des évêques et surtout que leur exacte résidence au milieu de leur troupeau* (2).

Combien il eût senti plus vivement encore cette vérité, si son sort avait été, comme celui du prince qui nous gouverne, de survivre aux effroyables malheurs de l'Etat et de l'Eglise, et de voir ensuite cette décadence rapide qui excite nos douleurs et nos gémissemens.

Privés, depuis quarante ans, des grâces attachées à ces assemblées des évêques qui, sous un nom ou sous un autre, ayant pour objet les intérêts de la religion, sont de l'essence même de l'Eglise catholique, en sommes-nous dédommagés par l'admission de nos prélats dans des assemblées d'une tout autre nature, qui, tous les ans, les éloignent de leur diocèse, qui les séparent de leur clergé, et exposent le pas-

(1) De mor. et off. ep. Hen. Arch. Senon.
(2) Proc.-Verb. du clergé, 1780.

teur, après une longue absence, à être regardé comme un étranger par ses propres brebis?

Sans doute on se complaît dans le souvenir de cette pompe royale, au milieu de laquelle des pontifes, revêtus d'une des plus hautes dignités de la vieille monarchie, venaient autrefois siéger sur les fleurs de lis, dans les occasions importantes; mais ces occasions étaient rares, rien ne les enchaînait dans la capitale : ne dépassant point la limite tracée par le saint concile de Trente, ils envisageaient sans trouble le divin précepte de la résidence, et bientôt ils reparaissaient avec tout l'éclat de leur rang, et surtout avec leurs vertus et leurs bienfaits, au milieu de leurs ouailles.

J'abuse, Monseigneur, je m'en aperçois, du loisir excessif auquel me livre l'interdiction des fonctions de mon ministère : daignez pardonner cette digression, qui n'est pas sans quelque liaison avec ma cause; je suis ce caillou qu'on foule aux pieds, et qui, poussé violemment, roule en jetant des étincelles.

C'est à Paris que fut rendue l'ordonnance qui m'a dépossédé, et dont le contre-seing, tout-à-fait inconnu, est, dit-on, de la main d'un des gens de Monseigneur. Dans le calme de l'habitation épiscopale, auprès de cette auguste basilique, toute resplendissante de la majesté du roi des rois, quelque inspiration d'en haut aurait peut-être touché le cœur de mon évêque, au moment de porter cette sentence si rigoureuse contre un pasteur qui, grâce au ciel, ni par sa doctrine, ni par ses mœurs, ne contrista jamais le sanctuaire!

Vous me pardonnerez aussi, Monseigneur, de soupirer après ces conciles provinciaux, demandés par nos plus grands évêques, dans les dernières assemblées du clergé, avec une force d'expression qui étonne, et une vivacité de sentiment qui pénètre. Oui, ils semblent retentir encore sous les voûtes d'un temple de cette capitale, les accens prophétiques de cet éloquent et vénérable archevêque d'Arles, qui y reçut la couronne du martyre (1)!

Dans ces réunions saintes de nos premiers pasteurs, une multitude de questions, que des conjonctures extraordinaires ont fait naître, seraient résolues; la foi se ranimerait; la discipline, par les coups même qui lui ont été portés, serait raffermie; on la préserverait de nouvelles atteintes; les fidèles, remplis de la joie la plus pure, entendraient, avec une soumission religieuse, de la bouche de leurs évêques, ces paroles dictées par l'inspiration divine, que les apôtres prononcèrent, avec tant d'autorité, au concile de Jérusalem : « Il a semblé bon au Saint-Esprit et à » nous. » *Visum est.... Spiritui Sancto et nobis* (2).

Encore ici, Monseigneur, l'intérêt de ma position ajoute à l'ardeur de mes vœux : j'obtiendrais alors d'être entendu, jugé suivant l'une des diverses formes de la juridiction canonique, à remonter des derniers siècles jusqu'aux premiers. J'invoquerais indifféremment la discipline du concile général de Trente, ou celle du concile œcuménique de Nicée. Mille exemples nous font voir combien, dans les beaux jours du christianisme, on prenait en considération l'état et l'honneur d'un prêtre. En est-il un plus frappant que celui du pape saint Zozime, envoyant trois légats à Carthage, pour revoir le jugement d'un prêtre (nommé Apiarius) *excommunié* par son évêque : avec ordre, si la

(1) Rapport de M. Dulau, arch. d'Arl. Proc.-Verb. 1780 et 1785.
(2) Act. XV. XXVIII.

sentence était contraire aux canons, de réhabiliter ce prêtre et de déposer l'évêque! (Hist. ecc., 5ᵉ siècle) (1). Toute la tradition attesterait que jamais le sacerdoce ne fut privé de ses soutiens légitimes, comme il l'est aujourd'hui, dans cette Eglise gallicane, autrefois si justement célèbre, et si respectée dans la chrétienté tout entière.

Ce n'est qu'après avoir acquis la certitude que mes adversaires persistaient dans leur doctrine, et cherchaient à l'accréditer, que je me suis déterminé, enfin, par devoir de conscience, à dénoncer ces principes destructeurs de toute hiérarchie, et déjà condamnés par le bref de Pie VI, du 10 mars 1791 (2).

Quant aux reproches que m'adresse *le canoniste*, « Ces » querelles toujours renaissantes, ce choc entre le chapitre » et la paroisse, *qui n'a pas cessé un seul moment sous » l'administration de M. Chaolas* (3), » quant aux allégations insérées contre moi dans une feuille publique (4), je n'y oppose que ces lignes d'un écrit publié en ma faveur, le 29 juillet dernier : « Quel front ne faut-il pas avoir » pour avancer ou seulement pour insinuer ces faussetés

(1) Le mot *excommunié* s'employait alors pour désigner la déposition et même les plus légères censures. Le canon XIV du concile de Vennes, tenu l'an 465, *excommunie* pour sept jours le clerc qui, sans excuse, aura manqué à un office.

(2) Hinc meritò S. Leo Magnus, scribens episcopis, per.... universis ecclesiis constitutis, de aliquibus disciplinæ articulis suam claruit epistolam.... Si quis fratrûm contrà hæc constituta venire tentaverit... à suo se noverit officio submovendum, nec communionis nostræ futurum esse consortem, qui socius esse noluerit disciplinæ. Brev. X, Martii, 1791, Pius, qui suprà.

(3) Observations d'un canoniste, page IX.

(4) L'*Étoile*, mardi, 15 février.

» insignes, à une si médiocre distance d'une cité religieuse
» dont tout le peuple élève la voix pour les confondre ! »

Je n'ajoute plus qu'une réflexion : qu'on parcoure nos annales, depuis la fondation de la monarchie : parmi tant de points controversés, on n'y voit pas d'exemple d'une controverse comme celle dont je suis l'objet ; pourquoi cela ? c'est qu'avant une révolution qui ne fut qu'erreur et bouleversement, si un évêque, sans forme de procès, dépossédait un pasteur en titre, il était aussitôt réprimé par ses supérieurs dans l'ordre spirituel, et que, de plus, on saisissait son temporel, jusqu'à pleine et entière réparation du trouble et dommage souffert par le titulaire violemment dépossédé ; c'est qu'alors, tout simplement, un titre perpétuel était un *titre perpétuel*, et l'inamovibilité, l'*inamovibilité*.

Il est, au reste, facile de saisir ici le dernier anneau de nos traditions ; il suffit de jeter les yeux sur les actes de l'assemblée générale du clergé, de 1785. Cette assemblée s'occupa beaucoup de procéder, par voie d'union, à l'augmentation des portions congrues ; des bénéfices de toute nature furent, avec l'agrément du Roi, consacrés à une destination si urgente. Cela se fit du vivant des titulaires, mais aucun ne fut dépossédé ; leur possession n'eut pas besoin d'être déclarée inviolable : c'était le droit, le plus léger doute sur ce point eût été un scandale ; seulement il fut décrété ce qui suit : *Défense aux titulaires de résigner ou permuter leur bénéfice, défense aux collateurs d'en disposer, en cas de vacance : abolition de toute impétration de ces titres réunis ou supprimés.* (Procès-verbal, 1785, p. 331).

Telle était la jurisprudence invariable du clergé et celle de l'Etat en cette matière ; je défie qu'on cite une seule exception qui y ait dérogé, et qu'on trouve un autre exemple de la monstrueuse violation de toutes les règles dont je suis la victime.

O vous ! illustre Métropolitain, que la divine Providence a choisi si heureusement, dans des jours de tribulation, entre les anciennes générations du sanctuaire et les nouvelles, comme le lien le plus capable de les unir étroitement; vous, qu'une noble modestie et les vertus les plus aimables font chérir, que des mœurs angéliques font vénérer, que des talens, universellement reconnus, rendent si digne d'occuper le plus beau siége du royaume très-chrétien, vous n'avez pas dissimulé le besoin de réfléchir mûrement sur la question qui vous est soumise. Mais pouvait-on douter, qu'en considérant que ce point de discipline universelle n'a pas été changé par l'Eglise, vous ne restassiez inébranlablement attaché à cette maxime essentiellement catholique : *Nihil innovetur.*

Vous auriez le droit, par vous-même ou par Official, de prononcer un jugement; vous pourriez, s'il le fallait, convoquer les Evêques de votre province : mais toute confiance vous est acquise; ces paroles, pleines de sagesse, que Jésus-Christ promit à ses apôtres de mettre dans leur bouche, pour les faire échapper à leurs ennemis dans les circonstances les plus difficiles, ces paroles, auxquelles aucun adversaires ne résiste, découlent de vos lèvres; et c'est cette sagesse si persuasive que je prends pour arbitre (1).

Je suis avec respect, etc. Signé CHASLES.

---

(1) Ego enim dabo vobis os et sapientiam, cui non poterant resistere et contradicere omnes adversarii vestri. Luc. XXI. XV.

N° 14. — Réquisition *à Monseigneur, de statuer sur l'appel.*

L'an mil huit cent vingt-cinq le vingt-cinq août.

A la réquisition expresse de M. Pierre-Claude Chasles, curé de la paroisse Notre-Dame, en l'église cathédrale de Chartres, demeurant au presbytère de Notre-Dame de Chartres, pour lequel domicile est à Paris, rue de Seine, n° 64, faubourg-Saint-Germain, chez Mᵉ Isambert, avocat aux Conseils du Roi et à la Cour de cassation.

Nous, Etienne-Blaise Brision, huissier, près le tribunal civil de première instance du département de la Seine, séant à Paris, y demeurant cour de la Sainte-Chapelle, n° 7, patenté le 4 mai dernier, n° 84, 3ᵉ classe, soussigné :

Avons humblement requis et supplié Sa Grandeur Monseigneur l'archevêque de Paris, en son palais archiépiscopal, parlant à M. Tresvaux, secrétaire de l'archevêché,

D'avoir à statuer, comme métropolitain, en vertu de l'article 15 de la loi du 8 avril 1802, sur la plainte portée devant Sa Grandeur, contre les décisions par lesquelles monseigneur de Latil, évêque de Chartres, suffragant de la métropole de Paris, a, contrairement aux lois de l'église et du royaume, privé le suppliant de son titre et de ses droits inamovibles comme curé de la paroisse de Notre-Dame, en l'église de Chartres, et l'a frappé sans cause ni motif de l'interdiction de ses fonctions pastorales, et même des fonctions de simple prêtre.

Et nous avons, à sa Grandeur, en la personne ci-devant

nommée, laissé copie du présent, dont le coût est de 6 fr. 50 cent. *Signé* Brision.

Enregistré à Paris, le 25 août 1825, reçu 2 fr. 20 cent.

N° 16. — *Très-humbles* Remontrances *adressées à Monseigneur l'Archevêque métropolitain.*

Chartres, 20 septembre 1825.

Monseigneur, dans la lettre que Votre Grandeur prit la peine de m'écrire, le 16 janvier 1824, et qui était une réponse respectueusement attendue depuis plusieurs mois, je lus, avec une douloureuse surprise, ces paroles, qui, en laissant entrevoir tout l'embarras de votre situation, ne promettaient aucun allégement à la mienne : « Il y a » peu d'espérance de vous voir changer un système établi » sur un faux principe, assimilant votre titre, dans une » église devenue cathédrale, à celui des autres curés, » dont les paroisses n'ont reçu canoniquement aucune nou- » velle destination. »

Alors, comme à présent, je l'avoue, Monseigneur, j'avais la ferme persuasion que cette circonstance, ni aucune autre, ne pouvait porter atteinte à l'inamovibilité de mon titre.

Cette question si simple, lorsqu'on s'en tient à la vraie signification des mots, et à la doctrine constante de l'église, fut formellement décidée dans une occasion trop mémorable, trop solennelle, pour que je ne prenne pas la liberté de vous la rappeler ici.

L'évêché de Blois, formé, en 1696, d'un démembrement de celui de Chartres, fut érigé sous l'invocation de saint Louis, dans l'église paroissiale de Saint-Solemne, à Blois. Or, bien loin que le curé de cette paroisse fût dépouillé de son titre par l'érection de son église en cathédrale, son acquiescement à ce changement fut requis en forme authentique (1); et, de plus, pour récompenser son gracieux consentement, on attacha à son titre de curé de ladite paroisse, l'une des dignités du chapitre. Il fut placé immédiatement après le doyen. Quant à ses successeurs dans cette cure, au lieu de la seconde dignité, il fut réglé qu'ils auroient la sixième, conservant d'ailleurs tous leurs droits curiaux à perpétuité. Ainsi l'avènement de l'évêque dans cette nouvelle cathédrale ne fut un jour de deuil pour personne. Il combla de joie et le pasteur et la paroisse ; ce fut un jour d'allégresse générale.

Le cardinal de Noailles, comme métropolitain, avait convoqué à Paris toutes les parties essentiellement intéressées dans l'érection du nouvel évêché. L'assemblée étoit composée d'évêques, de magistrats, de divers dignitaires ecclésiastiques, et de séculiers d'un haut rang. On ne peut parcourir le volumineux procès-verbal *de commodo et incommodo*, qui y fut rédigé en latin, sans remarquer à chaque ligne la scrupuleuse attention du rédacteur pour concilier tous les intérêts et pour appuyer sur des principes aussi lumineux qu'irréfragables, les droits de chacun.

---

(1) *Exemplum authenticum actûs seu instrumenti, quo, die vigesimâ quartâ februarii anni ultimò elapsi, Ludovicus* Froté..... *prior seu rector ecclesiæ parochialis sancti Solemnis blesensis, tàm pro se quàm pro successoribus suis, consentit......, etc.* (Mém. du Clergé, tom. II, pages 178 et 179).

C'est dans le palais que vous habitez, Monseigneur, qu'avec cet appareil imposant on statua d'une manière si conforme aux saints canons en faveur du curé de la cathédrale de Blois, sur cette même question de droit, que le curé de la cathédrale de Chartres, dans des temps moins heureux, a soumise à vos lumières.

Les temps changent, mais les principes sont invariables: c'est tout mon espoir! Vous voudrez connaître, Monseigneur, ce procès-verbal d'une admirable exactitude dans les plus petits détails, et qui porte l'empreinte du génie qui présida à sa rédaction. Vous le trouverez digne de l'immortel évêque de Meaux, qui, avec le cardinal archevêque, délégué du Saint-Siége à cet effet, y eut la principale part, et vous ne voudrez pas penser autrement que Bossuet. Vous prendrez le grand siècle pour guide, plutôt que celui où nous vivons; et, à l'exemple de certains papes, qui n'en sont que plus vénérables à nos yeux, vous oublierez quelques lignes écrites à la hâte dans une simple correspondance, lorsque, décidant comme juge, vous prononcerez *ex Cathedrâ.*

Les actes de l'érection des évêchés de Nancy, de Dijon, de Saint-Claude, de Saint-Dié, dont l'établissement a eu lieu dans le cours du dix-huitième siècle, ont consacré les mêmes formalités, les mêmes règles qui furent observées dans l'érection des siéges épiscopaux d'Alais et de Blois, à la fin du dix-septième.

Ce n'est qu'en fermant les yeux sur de si précieux monumens, que le Conseil-d'État, par l'organe de son rapporteur (M. le président P.....), a pu avancer du ton le plus absolu, « que l'érection de l'église paroissiale de Notre-» Dame de Chartres en cathédrale, avait rendu *nécessaire* » l'union de la cure avec le chapitre; que, par suite de

» cette union, le titre du curé étant éteint, il ne pouvait » plus en exercer les fonctions. »

Autant de mots, autant d'erreurs. M. le président P.... ne désavouera pas sans doute le Ministre des cultes, qui, sous une autre dénomination, fut chargé de veiller à l'exécution du Concordat de 1801. Eh bien ! on jugea alors que l'union de la cure devenait si peu *nécessaire* par l'érection d'une église paroissiale en cathédrale, que, dans aucun diocèse, cette union ne fut admise. Quelques années plus tard, il est vrai, l'archevêque, presque centenaire, qu'on avait mis sur le siége de Paris, fut entraîné, non sans verser des larmes, à adopter cette mesure, en obtenant la démission du curé, vieillard octogénaire; mais cette opération isolée n'eut aucune suite par rapport aux autres cathédrales. MM. de Mons, évêque de Mende; de Crouseilles, évêque de *Quimper*; Jauffret, évêque de Metz, étroitement liés avec le ministre, refusèrent de se prêter à cet amalgame, qui n'avait rien de commun avec les anciennes unions canoniques (1). Celles-là même, toujours réputées odieuses dans le droit, furent, par le fait, absolument défendues depuis le concile de Trente, comme on

(1) Autrefois, dans une cathédrale où se trouvait une cure unie au chapitre, ce chapitre jouissait des droits de curé primitif, qui souvent s'étendaient trop loin; c'est pour cela que le Concile de Trente, en proscrivant ces unions pour l'avenir, voulut que, dans les cures de cathédrale anciennement unies au chapitre, il y eût des vicaires perpétuels qui fussent à l'abri des caprices capitulaires. Maintenant tout est changé : le desservant de ces cures est amovible, sans que le chapitre gagne rien à cette autre infraction des règles prescrites par le saint concile. Il possède le titre curial, et il n'a aucune autorité dans la paroisse. Qu'est-ce qu'un titre curial sans juridiction? c'est un titre nul, un titre supprimé; dès lors, plus de curé, plus de cure; dans cette union prétendue, tout est fictif.

peut le voir dans les actes de ce concile œcuménique (1), et dans les plaidoyers des avocats-généraux Bignon et Talon, requérant le maintien de la jurisprudence de l'État, en cela entièrement conforme aux défenses expresses dudit concile (2).

Heureusement le plus grand nombre des cathédrales du royaume s'est préservé, jusqu'à ce moment, d'une innovation contagieuse toute récente. Monseigneur l'évêque de Bayonne, neveu du ministre dont nous venons de parler, n'a pas voulu d'une pareille union dans sa cathédrale : nous pouvons affirmer, sans crainte d'être démenti, que tout en s'abstenant de discuter le fait de l'union en lui-même, ce prélat, dans tous les cas, tient pour inviolables les droits des titulaires de la cure, et cette inébranlable fermeté dans les principes, est chez lui le fruit d'une étude profonde de la science canonique.

Nous savons que le consentement du titulaire, quoique toujours demandé, n'est pas toujours strictement indispensable pour *décréter* l'union : mais tous les canonistes déclarent que, faute de son consentement, l'union ne peut jamais *s'effectuer* qu'après sa mort.

A l'appui de cette vérité, nous trouvons encore un trait bien frappant dans les actes de l'érection du siége épiscopal de Blois. Le titulaire de l'archidiaconé de Châteaudun, dont une grande partie fut unie à l'évêché qui venait d'être érigé, fit difficulté de renoncer à ses droits sur cette portion considérable de son bénéfice que l'union allait lui enlever. Qu'arriva-t-il ? Ses réclamations furent accueil-

(1) *Conc. triden. sess. XXIV, cap. XIII.*

(2) Mém. du Clergé, tom. 3, pag. 515...., 519 et suiv.

lies, et tous les droits de son titre maintenus pendant sa vie. La Bulle d'Innocent XII (1), et les Lettres-Patentes de Louis XIV (2), en font foi dans les termes les plus précis.

La tradition de ces règles ne se démentit point jusqu'à cette époque, où lois, religion, humanité, tout disparut au milieu du délire de tout un peuple.

Peu avant ces jours de proscriptions et de désastres, l'assemblée générale du clergé de 1785, sur le rapport de M. Dulau, archevêque d'Arles, comme nous l'avons dit dans un précédent Mémoire, décréta l'union d'un certain nombre de titres ecclésiastiques, simples ou à charge d'âmes, pour subvenir aux besoins de cures à portion congrue; mais, toutefois, avec la clause de rigueur, que ces unions ne seraient consommées que par le consentement ou par la mort des titulaires (3).

Telle fut toujours, à cet égard, notre jurisprudence canonique et civile, Monseigneur; c'est la discipline de l'Eglise universelle. On ne peut donc attribuer qu'à l'influence

(1) *Et casu quo Archidiaconus Dunensis, ex nunc, distractioni et dismembrationi partis seu portionis sui Archidiaconatûs consentire, et compensationi acquiescere renuerit seu noluerit, nos jura et juridictionem ipsius in illâ parte seu portione sui archidiaconatûs, ut præfertur, distractâ et dismembratâ, quamdiù vixerit, et dictum archidiaconatum obtinuerit, reservamus. Bulla SS. Papæ Inn. XII.* (Mém. du Clergé, tom. II, pag. 186.)

(2) Bien entendu que si l'archidiacre de Dunois refusait d'accepter le dédommagement, et de consentir à la distraction de la portion de son archidiaconé qui est entrée dans la composition du diocèse de Blois, il jouirait, pendant sa vie de sa juridiction archidiaconale. *Lettres-Patentes.* (*Mém. du Clergé*, tom. II, pag. 200.)

(3) Procès-Verbaux du Clergé, tom. dernier, pag. 331.

des idées révolutionnaires les doctrines inouies d'après lesquelles il a été déclaré qu'il n'y avait abus dans l'attentat qui m'a dépossédé, qui m'a ravi arbitrairement et les droits et les émolumens attachés à mon titre inamovible. M. le Rapporteur du Conseil-d'Etat n'a pas pris garde que le mot *inamovibilité* n'a pas deux significations, et qu'il exprime la même chose pour le prêtre et pour le magistrat.

Supposons que M. le président P.... eût appliqué sa nouvelle législation au moindre juge du moindre tribunal de première instance : quelle rumeur, quel soulèvement des esprits, quels cris d'indignation et de vindicte dans toute la magistrature ! D'où vient qu'on est moins ému lorsque c'est le curé de la principale paroisse d'un diocèse qui est la victime d'un rapport si étrange? Ah ! il faut bien le dire, c'est un reste de préjugés homicides qui planèrent long-temps sur la tête des prêtres; c'est qu'encore à présent, on peut *oser tout contre le clergé* (1).

Plusieurs prélats m'ont fait parvenir des consolations et des espérances; mais tandis que la pourpre romaine a été si gratuitement outragée naguère, et, plus récemment, si gratuitement menacée, dans la personne de deux de nos plus illustres pontifes, sans qu'aucune voix généreuse ait réclamé pour eux, si ce n'est dans les rangs inférieurs

(1) On s'est plu à insérer dans le *Répertoire de la Nouvelle Législation*, par M. le baron Favard de l'Anglade, conseiller d'État et membre de la Cour de Cassation, l'énorme rapport fait contre moi, avec l'ordonnance qui en a été la suite. L'article *Tribunaux ecclésiastiques* en est composé tout entier. Ce sera un digne monument de la science ecclésiastique des premiers Magistrats de nos jours.

du sanctuaire, pouvais-je me flatter, prêtre obscur, que que des princes de l'Eglise prissent hautement ma défense ?

L'ennui seul d'une affaire si prolongée doit refroidir de plus en plus, je ne l'ignore pas, une bienveillance honorable. Le malheur, odieux à l'indifférence, lasse trop souvent l'amitié elle-même. C'est donc à la justice que je m'adresse uniquement aujourd'hui.

Depuis le 25 août, j'attends avec une pénible impatience quelques nouvelles de Votre Grandeur : un mois s'est presque écoulé; et, dans cette perplexité cruelle, je n'entends parler d'aucun commencement de procédure.

Attentif comme vous l'êtes, Monseigneur, à déployer toute la force de votre caractère, aussitôt que le moindre de vos droits pourrait être compromis, abandonneriez-vous la juridiction supérieure inhérente à votre titre, qui a été si sagement instituée par l'Eglise, et dont nos métropolitains quant à l'ordre public, sont expressément investis par la loi du 8 avril 1802 ! Ne laisseriez-vous d'autre ressource à vos justiciables que les tribunaux séculiers, si peu propres, hélas ! à prononcer sur des choses qui leur sont tout-à-fait étrangères ? Lorsqu'il s'agit d'un principe sur lequel repose toute la stabilité de la hiérarchie sacrée, qui intéresse le premier autant que le second ordre de cette hiérarchie, et qu'au nom des saints canons et des lois civiles elles-mêmes, on vous demande justice, resteriez-vous dans une inaction fatale pour tout le clergé de France ?

Non, Monseigneur; ma douleur exagère mes craintes : je me reproche des alarmes qui ne sauraient être fondées, et j'attends encore avec une ferme confiance que bientôt, remplissant l'un de vos principaux devoirs, et usant de vos droits, vous prononcerez définitivement sur la question si grave et si mûrement approfondie qui vous est soumise.

Je suis avec respect, etc. *Signé* CHASLES.

N° 17.—MÉMOIRE *au Ministre des Affaires ecclésiastiques, pour qu'il adresse au Métropolitain l'avertissement prescrit par l'article 185 du Code pénal.*

Chartres, le 1er décembre 1825.

Monseigneur, l'article 185 du Code Pénal porte :

« Tout juge, ou tribunal, tout administrateur, ou autorité administrative, qui, sous quelque prétexte que ce soit, même du silence ou de l'obscurité de la loi, aura dénié de rendre la justice qu'il doit aux parties, après en avoir été requis, et qui aura persévéré dans son déni, après *avertissement* ou injonction de ses supérieurs, pourra être poursuivi, et sera puni d'une amende de 200 fr. au moins, et de 500 au plus, et de l'interdiction de ses fonctions publiques depuis cinq ans jusqu'à vingt. »

Les articles organiques de la convention faite avec le Saint-Siége, le 15 juillet 1801, promulgués, le 8 avril 1802, ont une disposition ainsi conçue :

Art. 15. « Ils (les Evêques métropolitains) connaîtront des réclamations et des *plaintes* portées contre la conduite et les *décisions* des Evêques suffragans. »

En cas de refus ou de retard, de leurs *décisions*, il

y avait autrefois, un appel, comme de *déni de justice*; c'est le savant abbé de Fleury qui nous l'atteste.

Cet appel alors n'était pas soumis à la formalité d'un avertissement préalable. Mais c'est avec raison que les lois nouvelles ont introduit cette formalité; car, on ne doit pas présumer qu'un dignitaire oublie le premier de ses devoirs, celui de rendre la justice à ceux qui sont placés sous la protection de son pouvoir; le législateur a donc dû prescrire l'avertissement préalable qui, certes, sera suffisant pour rappeler un Prélat respectable, à l'accomplissement d'un devoir rigoureux sans doute, parce qu'il sait qu'il ne peut justifier la conduite de son suffragant, mais nécessaire, et qui sera salutaire pour rassurer l'Eglise contre la violation d'un des points le plus importans de la discipline.

Monseigneur l'Archevêque de Paris a temporisé, sans doute, dans l'espérance qu'une satisfaction serait donnée à M. Chasles; mais celui-ci n'a rien obtenu.

Le temps est donc venu d'invoquer la majesté et le pouvoir des lois, et de prononcer que nous vivons dans un temps où le crédit, ni le titre le plus honorable ne peuvent l'emporter sur la justice.

M. Chasles se doit à lui-même, dans une cause qui touche à des intérêts si délicats, de justifier la nécessité de toutes ses démarches.

Il ne suffit pas que sa cause soit la plus juste de toutes celles qu'on puisse porter devant les pouvoirs établis par le concours du pouvoir spirituel et temporel pour la juger; il faut encore qu'il la poursuive en observant toutes les convenances, qu'il le fasse avec dignité et modération : la modération en impose à la calomnie, et n'exclut pas la persévérance qui doit toujours finir par triompher.

9

Voici ce qui nécessite aujourd'hui le recours à l'autorité de Votre Excellence.

Au mois de décembre 1823 (les 10 et 16), M. Charles avait saisi Monseigneur l'Archevêque métropolitain de Paris, d'un recours contre la décision du 3 décembre, par laquelle Monseigneur *de Latil*, alors Evêque de Chartres, lui enlevait son titre et ses fonctions inamovibles de curé de Notre-Dame, en la cathédrale de Chartres, et le frappait d'interdit sans l'avoir entendu, sans cause exprimée ni légitime.

Ses adversaires ont prétendu que cet appel n'était pas en forme (1). L'effet de cet appel a d'ailleurs été suspendu par le recours à l'autorité civile. Mais il s'est apperçu par la décision intervenue, qui n'est pas même contradictoire, puisqu'on ne lui a pas communiqué les réponses de Monseigneur *de Latil*, que les membres du Conseil étaient étrangers à la science du droit canonique, et qu'il devait, ainsi que les adversaires y concluaient d'ailleurs, revenir devant les autorités ecclésiastiques, pour faire décider cette question de discipline.

La juridiction étant épuisée, il adressa son recours, le 25 janvier 1824, à Monseigneur le Métropolitain en la personne de son Official. Apprenant que cet appel était encore critiqué au nom de Monseigneur de Latil, parce que, de fait, il n'existe plus d'Official, et parce que, d'ailleurs, on ne peut appeler de la décision directe d'un

(1) Observations imprimées de M. Boyer, directeur de Saint-Sulpice, sur l'appel comme d'abus, porté devant le Conseil-d'État, et terminé par arrêt du Conseil, du 14 juillet 1824. Monseigneur l'Archevêque Métropolitain a répondu, dans une lettre du 16 janvier 1824, par des conseils de soumission, et n'a rien statué.

Evêque diocésain, à d'autre qu'au Métropolitain lui-même; il a fait notifier de nouveau, dans une forme juridique (le 25 août 1825), cet appel, à Monseigneur l'Archevêque de Paris lui-même. M. Tresvaux, secrétaire de Sa Grandeur, a reçu, en forme de supplique, la réquisition qui lui était adressée.

Ainsi, rien ne peut manquer à la régularité de son appel.

Cependant Monseigneur le Métropolitain n'a rien statué jusqu'à ce jour; le long délai qui s'est écoulé, et les circonstances particulières de la cause, font craindre à l'exposant que Monseigneur l'Archevêque de Paris ne soit porté à penser qu'il doit s'abstenir, soit parce que Monseigneur de Latil n'est plus Évêque de Chartres, soit parce que, d'après la décision du Conseil-d'Etat sur la question temporelle, la question de discipline ecclésiastique, serait jugée ou préjugée.

Peut-être aussi Monseigneur attend-il une invitation officielle, parce qu'il lui est pénible de faire acte de juridiction sur un Prélat devenu son égal par sa promotion récente à la Métropole de Reims, et parce qu'il craint, si celui-ci était reconnu en faute, qu'il n'en résultât un préjudice pour la Religion.

Ces scrupules seraient, en effet, suffisans pour retarder l'acte de juridiction que l'exposant sollicite, si la justice n'était pas supérieure à toute considération, si l'Église ne devait pas ses triomphes antiques à la préférence qu'elle accorda toujours à la vérité sur l'erreur; si, dans les circonstances actuelles, où l'arbitraire semble dominer partout, elle n'avait pas soif d'exemples éclatans de justice.

De quoi s'agit-il d'ailleurs? De savoir si une loi de l'Eglise Universelle peut être impunément violée par un Prélat; si les droits de tous les Pasteurs du second ordre, ouvertement violés, ne doivent pas l'emporter sur les ménagemens que l'on croit devoir à un dignitaire ecclésiastique. L'Eglise a censuré les erreurs de Fénélon, et il les a reconnues; Monseigneur de Latil ne peut-il pas l'imiter?

Qu'on ne s'abuse pas; la déposition d'un Curé d'Eglise Cathédrale, qu'on reconnaît irréprochable dans sa conduite, et qui a donné, aux jours de persécution, des gages d'une fidélité à toute épreuve, a fait trop d'éclat pour être ensevelie dans l'oubli, sans une solution satisfaisante: il faut une décision régulière et conforme aux lois canoniques.

Si l'on ne répond à un appel régulier et légal, que par le silence et un déni de *justice*, les hommes impartiaux en concluront que des considérations purement humaines prennent la place de la justice: que c'est le pouvoir absolu des Evêques que l'on veut introduire; que le clergé du second ordre n'a plus d'existence, et que les lois de l'Église Universelle ne sont plus respectées.

On ne pourra jamais persuader à une personne sensée, qu'un Curé titulaire en une Eglise Cathédrale, soit moins qualifié qu'un Curé de canton; que l'inamovibilité, garantie aux Curés par les lois ecclésiastiques, au même titre qu'aux Évêques eux-mêmes, et confirmée par les lois anciennes et nouvelles de la monarchie, puisse céder à l'opinion hardie d'un Evêque; on ne pourra jamais expliquer comment il peut être utile au bien de l'Église, que le premier Curé du diosèse soit remplacé par un prêtre *amovible* et révocable à la volonté du Prélat, puisque c'est l'Eglise elle-même qui a établi le principe contraire.

Sans doute une église peut être supprimée, comme tout autre établissement, mais il y a des formes solennelles à observer; l'union de la cure au Chapitre n'est, dans l'espèce, qu'une fiction. La cure de Notre-Dame de Chartres n'a pas été supprimée; mais, parce que M. Chasles a eu le malheur de ne pas vouloir faire à Monseigneur de Latil le sacrifice de son inamovibilité, on a imaginé cette union.

La réfutation des motifs sur lesquels une autorité laïque, ignorante des principes les plus certains du droit canonique, a pu se fonder pour repousser l'appel comme d'abus, serait ici superflue, alors que la juridiction métropolitaine est tenue de mettre de côté toutes les considérations politiques qu'on a substituées à la volonté du législateur, et de s'en tenir à la loi de l'Eglise. On la trouvera, d'ailleurs, jointe au présent mémoire, et appuyée de l'ordonnance de Louis XIV, qui donne le démenti le plus solennel aux futiles prétextes dont on s'est servi.

Le Conseil-d'État a statué sur les questions de son ressort; reste maintenant la question de discipline, qui est du ressort de l'autorité ecclésiastique. M. Chasles a droit d'obtenir une décision dans les formes canoniques, sur une question qui est toute de discipline, et qui doit se décider d'après les règles qui, de temps immémorial, régissent l'Eglise Gallicane. Ses adversaires ont constamment reconnu ce droit pendant l'instance au Conseil-d'État; instance conduite d'autant plus irrégulièrement, que contre les droits et les usages, les réponses de M. de Latil n'ont point été communiquées à M. Chasles, et qu'ainsi la discussion n'a pas été contradictoire. Ils l'ont reconnu puisqu'ils ont dit et imprimé que M. Chasles devait être renvoyé devant le Métropolitain.

Devant cette juridiction, M. Chasles soutient et soutiendra que *l'union* (fictive d'ailleurs) est nulle et de toute nullité, comme faite sans enquête *de commodo et incommodo*, comme contraire à l'intérêt de l'Eglise et des fidèles, et comme étant dès lors prohibée par les conciles, et par tous les monumens de la discipline ecclésiastique.

Il soutient que le titre de Curé, lorsqu'il a été une fois conféré, est comme celui de l'Evêque, indélébile, et qu'il ne peut être perdu que par mort, démission, ou dégradation légale.

Il soutient que la sentence d'interdit est radicalement nulle et sans objet.

C'est sur ces points qu'il réclame une décision de Sa Grandeur Monseigneur le Métropolitain; la loi veut que cette décision soit rendue; le silence gardé depuis la réquisition du 25 août 1825, est déjà un commencement de déni de justice, mais l'avertissement sollicité de Votre Excellence suffira pour faire cesser tous les obstacles.

Il n'y a pas de considération qui puisse empêcher Votre Excellence de la donner, ou, au moins, d'expliquer les motifs de son refus. Car la loi a parlé, et il ne s'agit plus que de savoir si, sans vous immiscer comme ministre dans la décision de la question de discipline au fond, vous n'êtes pas le supérieur du Prélat qui exerce l'autorité métropolitaine, en ce sens que vous avez le droit de lui enjoindre de dire droit sur la requête. Or ce point de doctrine ne peut être douteux, parce que, de tous temps, il appartint au Roi très-chrétien de convoquer les Conciles nationaux et les Synodes provinciaux que représente aujourd'hui l'autorité métropolitaine, puisque c'est du Roi qu'émane toute justice. Votre Excellence est le représentant de Sa Majesté en cette partie. Or le Roi de France prête à son sacre, comme Roi très-chrétien, l'obligation de faire observer les lois de l'Eglise, reçues en France comme lois de l'Etat.

L'exposant vous supplie donc, et au besoin, il requiert Votre Excellence de donner à Monseigneur l'Archevêque Métropolitain de Paris, l'avertissement prescrit par l'article 185 du Code Pénal, et de donner avis au soussigné d'une manière officielle, de l'accomplissement de cette indispensable formalité.

Il produit copie certifiée de l'acte notifié judiciairement à Monseigneur le Métropolitain, le 25 août 1825.

N° 18.—Lettre *du Ministre des Affaires ecclésiastiques, qui annonce à M. Chasles que, pour satisfaire à l'art.* 185 *du Code Pénal, il a renvoyé le Mémoire au Métropolitain.*

Paris, 15 décembre 1825.

Monsieur, j'ai reçu le Mémoire que vous avez cru devoir m'adresser le 1er du courant. Il est maintenant entre les mains de Monseigneur l'Archevêque de Paris.

J'ai l'honneur de vous saluer, etc.,

Le Ministre des Affaires ecclésiastiques,

D. Év. d'Hermopolis.

N° 19. — MÉMOIRE *en Réfutation de ce qui a été allégué au Conseil-d'État pour justifier la Révocation de M. Chasles et la Sentence d'Interdit.*

Chartres, 17 décembre 1825.

On argumente d'abord d'une lettre écrite par M. Portalis, alors ministre des cultes, le 20 décembre 1805, dans laquelle il conseille d'unir, dans les églises cathédrales la cure au Chapitre.

Cette lettre n'est pas une loi de l'Etat ; il en est de même de quelques décrets restés enfouis aux archives de l'empire, et qui auraient clandestinement approuvé les ordonnances d'union.

Car un décret n'est LOI que par l'insertion au Bulletin des lois.

La lettre circulaire, dont il s'agit, est moins encore une loi de l'Eglise, qui ne l'a jamais reconnue, puisqu'elle n'a pas été assemblée pour en délibérer. L'approbation de quelques Evêques ne peut pas détruire une loi générale à laquelle ils sont d'autant plus tenus d'obéir (1), qu'ils sont plus élevés dans la hiérarchie ecclésiastique.

(1) L'Evêque de Digne écrivait, le 8 novembre 1790, au Directoire des Basses-Alpes :

« Je ne me reconnais pas la puissance de destituer un Curé titulaire, ni » de supprimer son titre, si ce n'est pour des causes et avec des formes » prévues et prescrites par la discipline universelle. Règles saintes, aux» quelles la Nation française, et, avant elle, les Gaules, en adoptant la » seule vraie religion, ont accordé une protection constante jusqu'à » nos jours, mais indépendantes par leur nature..... » (*Collection de*

Cette lettre, dit-on, a été écrite dans les circonstances que voici : plusieurs Prélats avaient vu des inconvéniens dans l'existence simultanée des cures de Cathédrale et des Chapitres. Sans approfondir la question de savoir si l'Eglise n'avait pas prévu le cas, le gouvernement chercha les moyens d'y pourvoir.

Le premier moyen, dit la lettre, était de transférer la cure des métropoles et cathédrales dans une église séparée. Le ministre reconnut que cela serait désavantageux aux Chapitres et aux fidèles, et il abandonna cette idée.

La deuxième était d'unir le titre de curé au Chapitre, et de conférer le titre de curé à un chanoine, en rendant le titre RÉVOCABLE A LA VOLONTÉ DE L'ÉVÊQUE. Le ministre préféra ce moyen, et conseilla à Monseigneur le Cardinal de Belloy, alors Archevêque de Paris, de mettre ce projet à exécution par une ordonnance épiscopale qui serait revêtue de l'approbation impériale.

Malgré le respect qu'inspire le nom de M. *Portalis*, on ne doit pas hésiter à signaler ce projet pour ce qu'il est, c'est-à-dire comme subversif de l'antique discipline de l'Eglise, et de l'inamovibilité des curés.

---

l'*Abbé Barruel*, vol. III, pag. 384.) L'Archevêque de Paris écrivait, le 7 février 1791, au Clergé de son diocèse : « Les Curés canoniquement » pourvus ne peuvent être destitués que selon les formes canoniques. Les » Curés destitués sans l'observation de ces formes, sont toujours les vérita- » bles pasteurs ; les Prêtres qui leur sont substitués et qui en exerceraient » les fonctions, seraient des intrus, des usurpateurs, des schismatiques, » dont tous les actes seraient illicites et nuls, quant à ceux qui exigent » juridiction. » (*Ibid.*, tome IX, pag. 61 et 62.) Le Curé Chasles, dans sa jeunesse, a vu cette maxime professée par tous les Evêques français : il ne s'attendait pas à la voir méconnaître depuis la restauration.

Il était souverainement contraire aux convenances, de rendre le premier curé du diocèse, amovible et révocable, tandis que tous les autres resteraient inamovibles. Qu'est-ce ensuite qu'un Chapitre en corps, qui est curé, et qui ne peut pas en exercer les fonctions ? Ici la fiction est impossible, parce que l'institution des curés emporte le droit de prêcher et d'administrer les sacremens, et que tous les membres du Chapitre ne peuvent pas avoir ce droit.

Autant eût valu, si l'on craignait des collisions, revenir aux principes de l'Assemblée constituante, et dire avec l'article 8 de la loi du 24 août 1790, que l'église cathédrale serait ramenée à son état primitif, d'être en même temps église paroissiale, et de n'avoir pas d'autre pasteur immédiat que l'Evêque diocésain ; mais ce n'est pas de cela qu'il est question.

On dit que le titre curial est uni au Chapitre ; vous allez en conclure que le Chapitre exerce par lui-même ou par ses vicaires les fonctions curiales ? Non, il a du moins une autorité quelconque sur la prêtrise ? aucune. Il jouit peut-être des prérogatives des curés primitifs. D'aucune façon. Qui donc gouverne la paroisse ? C'est un prêtre qui n'exerce point en vertu d'un titre curial, mais qui tient immédiatement de l'Evêque des pouvoirs que ce dernier révoque à volonté.

Qu'est-ce donc qu'une telle fiction, et que penserait-on si on allait l'appliquer à d'autres inamovibilités? Si, par exemple, il suffisait d'une ordonnance royale, c'est-à-dire d'un acte du pouvoir réellement administratif ou ministériel, pour supprimer un tribunal, sous prétexte du bien public, comme on l'a fait dans cette circonstance, à l'égard de la cure de Notre-Dame de Chartres, quel magistrat serait assuré de son état ? Que diraient les justiciables ?

On dit, il est vrai, que le ministre signataire de l'ordonnance relative à M. Chasles (le fait a été articulé et non méconnu) entendait que les droits des titulaires seraient maintenus, et que Monseigneur l'Evêque de Chartres a été blâmé d'avoir fait exécuter l'ordonnance sans cette réserve essentielle, en frappant M. Chasles d'interdit, après l'avoir dépouillé de tous ses droits curiaux ; mais qu'importe ce qui a dû être entendu, et les regrets ou reproches tardifs, si aucune satisfaction n'a été donnée.

Revenons à la question de droit et de principe, et oublions, s'il se peut, les titres non contestés de M. Chasles aux égards et à la justice.

Nous disons que si, à l'égard des magistrats, on procédait de même, l'inamovibilité n'existerait plus que nominalement. Aucun justiciable ne pourrait se flatter d'avoir des juges à l'abri de l'influence qu'exerce toujours l'incertitude de conserver un poste honorable, pour lequel on a sacrifié les carrières lucratives du monde : le texte et l'esprit de la Charte seraient manifestement violés.

Si, dans l'Eglise catholique, l'inamovibilité a été conférée aux curés par des lois renouvelées de siècle en siècle, croit-on qu'il n'en ait pas existé d'excellens motifs ; le bien de la Religion et des fidèles ne se place-t-il pas au premier rang ?

La magistrature qu'exercent les pasteurs, est d'une nature tout aussi délicate que celle des magistrats civils ; elle leur est même supérieure, ayant pour objet immédiat la Religion dont ils sont les ministres, puisque la

Religion est supérieure aux lois arbitraires établies par les hommes. Les curés sont juges du for intérieur; ils ne peuvent faire de bien qu'en s'attachant à leur paroisse, qu'en se persuadant qu'ils doivent vivre et mourir au milieu de leurs paroissiens, après les avoir édifiés par l'exemple de toutes les vertus.

Un prêtre mercenaire qui peut être renvoyé au gré d'un caprice, aurait-il l'autorité suffisante pour prêcher avec indépendance la parole de Dieu? Pourra-t-il s'identifier avec un troupeau dont il pourra être séparé à chaque moment? Les fidèles eux-mêmes pourront-ils accorder une grande confiance à un prêtre qu'ils ne verront qu'en passant.

N'est-il pas extraordinaire que ce soit dans l'ordre des Prélats qui rejetèrent la constitution civile du clergé, comme attentatoire aux droits de la puissance spirituelle, que l'on trouve aujourd'hui les défenseurs d'une doctrine subversive des principes antiques et sacrés de l'Eglise?

On s'arrête à de frivoles prétextes dont on se constitue seul juge, pour renverser la discipline générale de l'Eglise, et pour attaquer dans son existence, la classe si laborieuse, et si respectable, des pasteurs du second ordre.

Quelles sont en effet les raisons décisives qu'on a mises en avant pour justifier les actes de Monseigneur l'Évêque de Chartres?

Nous les trouvons dans le nouveau Répertoire de Jurisprudence de M. le baron Favard de Langlade (V° *Tribunaux ecclésiastiques*, n° 8). Elles y sont exposées, dit-on, par M. le comte de Portalis, qui fut rapporteur au Conseil-d'Etat dans cette affaire. Il n'y a aucun doute que cet habile et savant magistrat ne se soit attaché à résumer avec soin, les moyens qui, au Conseil, ont triomphé des principes contraires, où ils eurent de nombreux partisans. Dans cet article, M. Portalis n'a exprimé aucune opinion personnelle. Cette réserve est remarquable; elle prouve que quand bien même ils eût partagé l'opinion de la majorité, ce que nous ignorons, il a pensé que la question était susceptible de controverse, et pouvait être reproduite de nouveau.

« Le Conseil a considéré en fait que, dans les circons» tances actuelles, la nécessité de consacrer à la fois une » même église dans chaque diocèse au culte cathédral, » et au culte paroissial, indiquait l'union de la cure au » Chapitre comme une mesure d'ordre et d'utilité, *pres» qu'indispensable* au bien du service.

Lorsqu'une loi existe, qu'elle est précise, il faut plus que des considérations pour l'abroger. Le Conseil-d'Etat était tenu de juger d'après les lois; que si l'on pense que la loi d'inamovibilité des pasteurs du second ordre dans les cathédrales, est contraire, en certains cas, au bien de l'Eglise et des fidèles, et à celui de l'Etat, il fallait proposer à l'autorité spirituelle de changer à cet égard l'ancienne discipline, par de nouvelles lois canoniques, demander au gouvernement la convocation d'un concile.

Mais sûrement on n'oserait pas proposer à une assemblée composée d'Evêques et de curés, de délibérer sur une pareille question. Si, conformément au vœu des amis les plus sincères de la religion, le clergé était réuni en concile, comme dans les beaux siècles de l'Eglise; si même les synodes étaient remis en activité comme on ne cesse de le réclamer, le système des unions serait rejeté et la qualification d'*odieux* qui lui a été donnée par le Concile de Trente, lui serait hautement confirmée. Il n'y a aujourd'hui de garantie que dans les principes. Les hommes sont trop changeans, trop faciles à séduire ou à se laisser entraîner au gré des passions du moment, ou par des vues d'ambition personnelles. En un mot, c'est aujourd'hui le combat du pouvoir légal contre le pouvoir absolu : il existe au sein de l'Eglise, comme au milieu des sociétés politiques ; et si, parmi ces Prélats, il en était dont les sentimens politiques ne fussent pas dans la chambre haute, favorables aux libertés publiques, ne serait-il pas naturel qu'il ne fussent pas non plus partisans des libertés de l'Eglise?

Il est des hommes respectables, à beaucoup d'égards, qui, de bonne foi, pensent que le pouvoir sans contrôle, serait la chose la plus désirable dans l'ordre temporel comme dans l'ordre spirituel. Mais leur opinion devrait-elle donc triompher? Revenons à la discussion de l'opinion du Conseil-d'Etat. Il est, contre l'inamovibilité du curé de la paroisse, une objection tirée de a division du local, de celle des heures, de la concurrence des offices, que l'on signale comme des causes d'insubordination de la part des inférieurs contre l'autorité supérieure. Ce sont toujours, comme on voit, des considérations opposées au texte de la loi.

Nous répondo.

Quant au scandale et à l'insubordination, ils ne sont point à craindre ; d'abord, parce que les ecclésiastiques connaissent trop bien leurs devoirs et les règles de la discipline pour y manquer ; et ensuite, parce qu'il y a des peines sévères contre la désobéissance, quand elle est mal fondée, c'est-à-dire, contraire aux règles.

On ajoute que l'utilité de l'union avait été proclamée par le gouvernement en 1806, et reconnue successivement par trente-trois évêques pour leurs diocèses respectifs.

Quant au gouvernement il n'était pas législateur, ni au temporel ni au spirituel; il est vrai qu'il a souvent usurpé alors la puissance législative par ses décrets; mais dans le cas particulier, il n'a pas consommé l'usurpation, puisqu'il n'a établi aucune loi. Quant aux Évêques, ils ne pouvaient renverser une loi de l'Église. Des trente-trois unions, il faudrait d'abord retrancher toutes celles qui ont eu lieu avec le consentement des titulaires. Il est de fait que ces unions n'ont eu lieu qu'avec ce consentement. Mais le plus grand nombre des évêques a refusé de se prêter à cette infraction des lois de l'Eglise. Aujourd'hui encore, il existe quarante-sept Evêchés, où les curés de cathédrales sont restés en possession de leur inamovibilité (1). On en comptait 60 avant la révolution.

Si le gouvernement, par exemple, proposait individuellement aux Évêques de détruire l'inamovibilité de tous les curés, et que trente-trois parmi eux acceptassent cette

(1) Au mois d'août 1824, monseigneur l'Archevêque de Langres, voulant aussi unir la Cure de son Église cathédrale à son Chapitre, a sollicité auprès de monseigneur le Ministre de l'intérieur, l'autorisation du Roi à cet effet. Son Excellence a répondu au Prélat que, pour procéder régulièrement, il fallait qu'il lui envoyât le consentement, en bonne forme, du Curé de ladite Eglise. Ce fait a été publié et non démenti.

proposition, parce qu'ils y verraient un accroissement de pouvoir, cet accord formerait-il une loi de l'Église, alors que la majorité des Evêques rejèterait l'innovation ?

Qu'importe, après cela, que ce soit Monseigneur le Ministre de l'intérieur, comme il est dit au Répertoire de M. Favard, qui ait proposé la mesure de Monseigneur l'Évêque de Chartres, ou que celui-ci (ce qui est vraisemblable, ainsi que l'explique ce qui vient d'être dit à l'occasion de la cure de Langres) l'ait imaginée le premier. Si le ministre a prêté l'appui de son autorité à Monseigneur l'Évêque de Chartres dans cette circonstance, c'est que Son Excellence n'était pas alors assez éclairée sur les résultats de cette union, qui a causé un schisme dans l'église de Chartres, et qu'on a été plus loin qu'on ne le voulait.

La preuve de cette assertion, c'est que sur une demande *d'union* semblable, formée récemment par Monseigneur l'Evêque de Viviers, Son Excellence a rejeté le projet d'ordonnance qui lui était soumis.

Mais reprenons notre discussion.

« Le Conseil a considéré en *droit*, poursuit M. le Rap-
» porteur, que si, dans l'ancien ordre de choses, les unions
» étaient en général *odieuses* parce qu'elles n'avaient eu
» dans l'origine d'autre objet que d'enrichir quelques ti-
» tulaires prévilégiés, au détriment du service public et
« religieux, on faisait cependant une exception en fa-
« veur de celles qui n'avaient pour cause que le plus grand
« bien de l'Eglise, et le plus grand avantage des fidèles;
» que l'union des cures aux Chapitres, lorsque ces Cha-
» pitres et ces cures étaient fixés dans le même lieu,
» avait souvent été approuvée, même par les Parle-

» mens (1), si rigoureux observateurs des règles en matière d'union des bénéfices; que, dans l'état actuel de l'Eglise de France, privée de bénéfices, réduite à un seul Chapitre par diocèse, et ne possédant plus qu'un petit nombre d'édifices consacrés à l'exercice du culte, le seul genre d'union possible, était celui des cures de Cathédrales aux Chapitres cathédraux; que ce qui était autrefois l'exception était devenu la règle, et que les unions de ce genre étaient aussi favorables, que des unions opérées dans des vues d'intérêt privé avaient pu paraître odieuses en d'autres temps. »

Si ce sont là des considérations de nature à être adoptées, ce n'est certainement pas sous le rapport du *droit*, puisqu'on ne cite aucune loi qui ait dérogé au principe général; on parle d'approbations qui auraient été données par le Parlement à des unions de cette nature, mais on n'en cite aucune: et quant à nous, nous avons rapporté un arrêt très-mémorable, du 14 mars 1564, rendu au Parlement de Paris, sur les conclusions de M. l'Avocat général Talon, qui a annulé une pareille union dans cette même église de Chartres où le débat se présente aujourd'hui, et qui décida que l'union de la cure au Chapitre était contre le droit canonique, contre le droit des curés et contre le bien de la religion.

---

(1) Nous en avons trouvé quelques-unes, mais à des époques de relâchement et d'affaiblissement dans la discipline, sous le règne de Louis XV; encore ces unions n'ont-elles été consenties qu'avec la clause expresse, *sans tirer à conséquence pour l'avenir*. De quoi, d'ailleurs, ne trouve-t-on pas des exemples, quand on veut prouver que l'arbitraire a quelquefois prévalu sur les principes?

« Ces Chapitres, disait l'éloquent magistrat, sont con-
» traints d'y nommer des prêtres ignorans dans leur mi-
» nistère, négligens dans leurs devoirs, lâches dans la cor-
» rection des mœurs, et intéressés dans l'administration
» des sacremens. »

Nous ne répèterons pas ici l'analyse d'un plaidoyer qu'on peut lire dans la Consultation du Barreau de Paris; il en résulte clairement, contre l'opinion de la majorité du Conseil-d'Etat d'aujourd'hui, qu'on ne faisait aucune exception dans les unions, qu'on les regardait comme contraires au bien de l'Eglise et à l'avantage des fidèles.

Quand le Conseil dit, *que ce qui était autrefois l'exception est aujourd'hui la règle*, il n'a point justifié cette assertion; tout au plus se serait-il autorisé d'un abus autorisé sous le gouvernement impérial, pour renverser une loi fondamentale de l'Eglise; loi qui était hors de sa puissance.

Supposé que l'union fût possible, elle n'aurait pas été opérée dans l'espèce, dans les formes canoniques, puisqu'il n'y a pas eu d'enquête *de commodo et incommodo*, et d'audition de parties. On a cru répondre à ce moyen en disant que le gouvernement du Roi est souverain juge en matière d'utilité publique, et que lorsqu'il a déclaré cette utilité, toute enquête est désormais superflue.

Si ce principe était vrai, c'est en vain que la loi du 8 mars 1810, sur l'expropriation pour cause d'utilité publique, aurait exigé également une enquête *de commodo et incommodo*, et aurait donné à tous les intéressés les délais et facilités pour faire entendre leurs raisons; le gouvernement, c'est-à-dire, les ministres; les ministres, c'est-à-dire, leurs bureaux, pourraient décider les questions les plus graves de propriété et d'utilité publique, sans être éclairés même par une enquête. Et c'est le Conseil-d'Etat qui autorise ainsi à s'écarter des lois!

Si l'ordonnance du Roi supplée les anciennes lettres-patentes, elle ne peut pas suppléer à ce qui devait précéder ces lettres-patentes; autrefois, celles qui n'auraient pas été précédées d'enquête n'auraient pas été admises à l'enregistrement au parlement. Aujourd'hui que l'administration tend à tout envahir, se croit-elle donc en droit de prononcer sans avoir entendu personne? On écarte les fidèles, comme si leur intérêt n'était pas le premier, comme si l'Eglise n'était pas composée aussi bien d'eux que du clergé lui même. (*Sancta Mater Ecclesia, non solum est ex clericis, sed etiam ex laïcis.*)

Or, si l'on eût demandé aux fidèles de la paroisse de Notre-Dame de Chartres, s'il voulaient que la cure fût desservie par un autre que par leur curé ordinaire, la réponse eût-elle été douteuse? On n'a pas osé la provoquer: l'enquête n'était donc pas une formalité superflue.

Après avoir examiné si l'union de la cure au Chapitre était possible, le Conseil-d'Etat s'était proposé de résoudre la question de savoir si, au moins, il n'était pas tenu de la faire desservir par un vicaire perpétuel, c'est-à-dire inamovible. Il paraît que cette question n'est pas celle qui a le moins embarrassé le Conseil; on invoquait devant lui une longue série de lois canoniques, et les textes répétés de plusieurs ordonnances du royaume. « A ces autori-

» tés le Conseil a cru pouvoir admettre une exception
» justifiée selon lui par une disposition du Concile de Trente, chapitre VII, session VII. » Dans ce chapitre, dit la note qui est au bas de la page, le Concile décida que l'on doit établir des *vicaires perpétuels partout*, même dans les paroisses qui sont unies aux églises cathédrales, collégiales et abbatiales, à moins *que les Evêques* ne jugent, pour quelque raison particulière, que le contraire doive être plus avantageux. *Nisi ipsis ordinariis pro bono ecclesiarum regimine, aliter expedire videatur.*

Avant d'appliquer cette exception purement facultative, le Conseil-d'Etat aurait dû s'assurer si cette disposition exceptionnelle qui, prise à la rigueur, renverserait le principe lui-même, avait été reçue en France ; s'il l'avait recherché, il aurait acquis la preuve par tous les monumens de la jurisprudence civile et canonique, que l'exception non-seulement n'était pas admise, ainsi que plusieurs autres dispositions du Concile de Trente, mais qu'elle avait été constamment repoussée par l'Eglise Gallicane, et que d'ailleurs elle n'avait jamais pu être appliquée qu'aux vicaires *à instituer*, jamais au préjudice d'un prêtre *institué* CANONIQUEMENT A TITRE PERPÉTUEL.

Aussi le Conseil-d'Etat a-t-il glissé légèrement sur ce point, et n'a-t-il pas fait la distinction. D'ailleurs, la preuve que ce n'était pas par respect pour l'autorité du Concile, qu'il a jugé comme il l'a fait, c'est qu'il a érigé l'exception en RÈGLE *générale*. Son rapporteur nous atteste que l'Eglise de France se trouve aujourd'hui *tout entière* dans l'exception.

Si on comprend bien cette proposition extraordinaire,

il en résulte que la loi d'inamovibilité sur laquelle est appuyée toute notre discussion, est réellement abolie en France; ce que semble justifier d'ailleurs les passages suivans du même rapport.

« Que les habitudes contractées durant les temps de » trouble et d'anarchie, ont laissé dans tous les esprits » des germes d'indépendance, et des principes d'opposition et de résistance qui exigent que l'autorité ÉPISCO- » PALE soit renforcée. »

Si le Conseil-d'État était revêtu de la puissance législative; si, surtout, l'Eglise universelle lui avait remis ses pouvoirs, il lui appartiendrait de se livrer à ces considérations, d'examiner si, en effet, l'autorité épiscopale a besoin d'être renforcée; si elle a besoin de l'être surtout au détriment de ces pasteurs qui souffrent le poids de la chaleur et du jour; s'il est dans l'intérêt de l'Eglise, que ceux-ci vivent dans un état précaire et servile; si l'inamovibilité des Curés n'est pas, au contraire, le meilleur boulevard de celle des Evêques. Car, si l'esprit d'indépendance a pénétré quelque part, ce n'est pas dans le corps d'ailleurs respectable de ces prêtres, déjà courbés sous le poids de l'âge, qui ont éprouvé toutes les vicissitudes de la vie, et qui sentent mieux que personne combien l'Etat et l'Eglise ont besoin de repos.

Mais le repos et l'ordre ne peuvent pas exister, si les droits légitimes ne sont pas garantis : ce sont les doctrines nouvelles qui tendent à troubler la paix de l'Eglise, et à opérer une scission entre l'épiscopat et le clergé du second ordre.

Voyez comme le Conseil-d'État s'est égaré : il va jusqu'à

considérer comme une chose utile et même nécessaire, cette amovibilité des prêtres desservans, qui, quoiqu'on en dise, n'est écrite nulle part (1); qui a excité de toutes parts de sévères réclamations, et qui, dans la Chambre haute, a donné lieu à M. de Catellan, et à d'autres illustres pairs, l'occasion d'invoquer avec énergie le retour aux anciens principes, comme le seul moyen de rendre au Clergé des campagnes la consistance et la considération dont il est si digne.

Le Conseil-d'Etat croit-il rendre service à la religion en faisant un pas rétrograde? Heureusement les lois canoniques sont hors de sa puissance; on ne les abolit pas par un arrêt; en vain le Conseil-d'Etat aura dit que la mesure attaquée se trouvait conforme à l'*esprit* des lois canoniques, lorsqu'elle est si manifestement contraire au texte réitéré de ces lois et des ordonnances du royaume.

Avancer, comme on l'a fait, que les lois nouvelles, fondées sur des circonstances de fait irrécusables, ont dérogé aux lois anciennes, est une proposition qui peut satisfaire ceux pour qui le *fait* tient la place du *droit*.

Mais on demeure confondu de lire que ces lois ont *nettement* dérogé aux principes de la législation ancienne sur ce chef, lorsque l'inamovibilité des Curés est encore textuellement écrite dans la loi du 8 avril 1802, et que cette loi n'admet aucune exception.

---

(1) *Voyez* l'excellent Mémoire de M. l'Abbé Simil, Curé de Sainte-Perpétue à Nismes, sur son appel comme d'abus au Conseil-d'Etat : il est signé par un membre distingué du Barreau, M. *Macarel*, Avocat aux Conseils du Roi.

Si la dérogation avait été aussi expresse, pourquoi se livrer à tant de raisonnemens, à tant de considérations fausses ou hasardées. Il fallait se contenter de rapporter le texte de la loi; l'ordonnance du Conseil-d'Etat eût pu alors être rédigée en quelques lignes, et n'aurait pas eu besoin d'être justifiée par un si long commentaire.

Mais admettre en principe l'inamovibilité, et aller jusqu'à soutenir que, par une union fictive, repoussée par les lois canoniques et temporelles, et consentie par deux autorités incompétentes, l'Evêque diocésain et le Ministre de l'intérieur ont pu enlever à un Curé un titre qu'il ne peut perdre que par mort, démission ou dégradation légale, c'est renverser tous les principes : c'est consacrer un principe effrayant et indéfini d'arbitraire.

Supposons, en effet, qu'il s'agisse d'un pair de France, ou d'un magistrat, pourra-t-on soutenir que ce n'est pas violer le principe d'inamovibilité, que d'unir, par exemple, sa dignité ou son titre, au corps dont il sera supposé une délégation ? Cette union pourra-t-elle être décrétée par ceux-là-mêmes qui ont intérêt à la faire, et dont la loi générale a limité les pouvoirs par l'institution même de l'inamovibilité !

Qu'est-ce qu'un inamovible, que l'on peut destituer sans jugement !

On dit que le privilége d'inamovibilité a été créé dans l'intérêt public, et non dans l'intérêt des personnes; mais l'intérêt public veut précisément que le droit des personnes soit respecté, parce que c'est l'indépendance de ces personnes que la loi a voulu établir; elle a entendu l'établir, précisément à l'égard de leurs supérieurs.

Les Pères de l'Eglise n'ont pas été sans prévoir, qu'un Evêque (car malgré sa dignité un Evêque est un homme) pourrait être jaloux ou passionné, et abuser de son pouvoir envers les Curés; c'est pour cela qu'ils ont fait une loi générale. Si on eût voulu s'en rapporter aux Evêques eux-mêmes, on n'aurait pas fait la loi; mais il fallait donner aux Curés une sécurité parfaite, pour les encourager, et les maintenir dans l'accomplissement de leurs délicates fonctions.

Il importe à la société politique, où l'inamovibilité est établie récemment comme le boulevard de nos libertés, ainsi qu'à la société religieuse, où elle est plus ancienne, de maintenir sans atteinte les droits de l'inamovibilité; ce principe serait le palladium de l'épiscopat lui-même, dans le cas où il serait exposé à des attaques. Si un prince voulait supprimer les évêchés *en les réunissant* aux métropoles, les Evêques seraient absolument placés dans la position où se trouve aujourd'hui le Curé de Notre-Dame de Chartres, vis-à-vis de son Evêque.

Qu'importe après tout, car nous ne voulons laisser aucune objection du Conseil-d'Etat sans réponse, qu'il existe ou n'existe pas de bénéfices ecclésiastiques? Moins les Curés ont conservé de biens terrestres, plus il importe de respecter leur inamovibilité et leur honneur: c'est le seul bien qui leur reste.

C'est encore un principe incontestable, qu'un Curé ne peut être dégradé que par un jugement rendu avec des formes solennelles. Le Conseil-d'Etat n'ose pas le contester directement; mais il l'élude. Ici il s'agit d'un pasteur irréprochable en tous points, qui a confessé sa foi dans les [illegible] ; eh bien ! on le dégrade [illegible] du droit résultant de son institution [illegible], de prêcher la parole de Dieu, et d'administrer [illegible] les pénitens ! On le frappe d'interdit [illegible] d'entendre pour sa justification [illegible].

[illegible] on cherche à pallier cette violation [illegible] les lois divines et humaines.

[illegible] que, par l'effet de l'union, [illegible] cure (quoiqu'elle existe toujours de fait); [illegible], il n'y a plus de Curé; que, conséquemment, [illegible] devenu simple prêtre, et que, comme tel, [illegible] pouvoirs révocables à la volonté de son [illegible] suffisait, pour justifier l'interdit, qu'il eût [illegible].

[illegible] une réflexion. Si, par l'effet de [illegible] M. Claude a perdu son titre, il ne lui reste plus [illegible] droits étaient renfermés dans son titre : il [illegible] reçu de nouveaux, comme simple prêtre : [illegible] d'interdit est sans objet.

Ainsi, c'est à l'aide de trois fictions accumulées, et dont aucune n'est justifiée, qu'un Curé, le premier pasteur du diocèse après l'Evêque, est privé du bénéfice de la loi civile et canonique, qui exige un jugement légal.

---

(1) « Aujourd'hui, dit M. le Président *Henrion de Pensey* (de l'Autorité Judiciaire en France, 1818, pag. 323), les Evêques n'ont auprès » d'eux, ni officiers ministériels, ni ministère public : cependant, ils » n'en sont pas moins obligés de se conformer à cette règle éternelle : » *que l'on ne peut condamner personne sans l'entendre.* »

Et l'on a pensé, qu'une décision [illegible] les plaintes, et justifierait tant d'[illegible] [illegible]bitraire.

Heureusement, si la justice humaine [illegible] il n'en est pas de même de la justice [illegible] qui pénètre le fond des choses, qui met à [illegible] et ne prend pas le change au gré des [illegible]

C'est cette justice que M. Charles [illegible] mer par toutes les voies que la raison, [illegible] celles de l'Eglise avouent !

www.ingramcontent.com/pod-product-compliance
Lightning Source LLC
LaVergne TN
LVHW020020170826
845678LV00001B/62

* 9 7 8 2 3 2 9 7 9 0 8 6 2 *